Wissenschaftliche Repetitorien

2.

Psychologie

von

Dr. Franz Kramer,
Oberstudiendirektor in Berlin.

Berlin und Leipzig 1933
Verlag von Walter de Gruyter & Co.
vormals G. J. Göschen'sche Verlagshandlung / J. Guttentag, Verlagsbuchhandlung / Georg Reimer / Karl J. Trübner / Veit & Comp.

Repetitorium der Psychologie

Für akademische Prüfungen und zur Selbstbelehrung für Gebildete über psychologische Fragen

von

Dr. Franz Kramer,
Oberstudiendirektor in Berlin.

Dritte ergänzte und erweiterte Auflage

Berlin und Leipzig 1933

Verlag von Walter de Gruyter & Co.
vormals G. J. Göschen'sche Verlagshandlung / J. Guttentag, Verlagsbuchhandlung / Georg Reimer / Karl J. Trübner / Veit & Comp.

Archiv Nr. 34 10 33

Druck von Walter de Gruyter & Co., Berlin W 10

Inhalt.

Vorwort zur ersten Auflage.

Die freundliche Aufnahme, die das erste der von mir verfaßten Repetitorien gefunden hat, veranlaßt mich, mit einer neuen Schrift dieser Art hervorzutreten, die ebenfalls rein praktischen Zwecken dienen soll.

Daß das vorliegende Repetitorium der Psychologie nicht umfangreicher ausfiel als sein Vorgänger, konnte bei den Dimensionen der Entwickelung, die diese Wissenschaft in neuerer Zeit angenommen hat, nur dadurch erzielt werden, daß gleichwohl nur die allernotwendigsten Tatsachen und Ergebnisse berücksichtigt wurden.

Berlin, im Dezember 1919.

Der Verfasser.

Vorwort zur zweiten Auflage.

Schon nach kurzer Zeit kann die zweite Auflage des Repetitoriums der Psychologie in wesentlich verbesserter Gestalt erscheinen. Namentlich im allgemeinen Teil und in dem Abschnitt über die gehirnphysiologischen Grundlagen der Psychologie sind wichtige Ergänzungen hinzugekommen, die den Lesern und Benutzern des Buches willkommen sein dürften.

Berlin, im Dezember 1921.

Dr. Franz Kramer.

Vorwort zur dritten Auflage.

Unter Festhaltung der bewährten didaktischen Grundsätze, die den Erfolg der wissenschaftlichen Repetitorien des Verlages erzielen halfen, erscheint nunmehr die 3. starke Auflage meines psychologischen Wiederholungsbuches. Sein Inhalt ist revidiert, erweitert und um einen Abschnitt über die wesentlichen Erscheinungen der modernen Ganzheitspsychologie erweitert worden, den namentlich auch pädagogisch interessierte Leser begrüßen werden. (Die Bezeichnung S. G. in den Literaturnachweisen bedeutet Sammlung Göschen.)

Herrn Stadtschulrat z. D. Dr. Artur Buchenau sage ich an dieser Stelle für seine mir wertvolle Anteilnahme an meiner Arbeit meinen ergebensten Dank.

Berlin, im Mai 1932.

Dr. Franz Kramer.

Fragen und Antworten.

Fragen.

A. Allgemeines.

1. Zu welcher Gruppe der philosophischen Wissenschaften gehört die Psychologie?
2. Womit befaßt sie sich?

3. Welche empirische Begriffsbestimmung ist daneben für die Psychologie noch gang und gäbe?
4. Welcher Mangel haftet beiden Definitionen an?

5. Inwiefern kann die Psychologie nur bedingtermaßen das Ideal einer Wissenschaft sein?

6. Welche Wissenschaften bedienen sich vorzugsweise psychologischer Untersuchungsmethoden?
7. Wie grenzt sich die Psychologie gegen die Erkenntnistheorie ab?

Psychologische Richtungen: a) metaphysische[1].

8. Wie sind die beiden Gruppen psychologischer Richtungen gemäß den obigen Begriffsbestimmungen zu benennen?

---

[1]) Über die historische Entwicklung der Psychologie vgl. H. K. Schjelderup, Psychologie, de Gruyter 1928, S. 8 ff. und Hermann Ebbinghaus, Abriß der Psychologie, 9. Aufl., de Gruyter, 1932, S. 7 ff.

Antworten.

A. Allgemeines.

1. Zu den speziellen philosophischen Teildisziplinen.

2. Mit den Tatbeständen und Prozessen des seelischen Lebens, oder, metaphysisch ausgedrückt, mit der Seele.
3. Diejenige von der Seelenlehre als einer Wissenschaft der inneren Erfahrung.
4. Sie sind zu einseitig; denn auch die äußere Erfahrung, die Prinzipien der Empirie, kommen bei der psychologischen Interpretation der Vorstellungsvorgänge in betracht, und eine bloß metaphysische Begriffsbestimmung entspricht heute nicht mehr dem Stande der psychologischen Forschung.
5. Insofern als sie nicht ein nur vom Verstande selbständig erfaßtes und von Gefühl und Gemüt unabhängiges Gedankengebäude ist (vgl. O. Liebmann, Die Klimax der Theorien, Straßburg, Trübner, 1884 S. 7 f.).
6. Die Sprachwissenschaft, die Soziologie, auch die Staatswissenschaften, die Rechtslehre und die Geschichte.
7. Die Psychologie handelt vom Bewußtsein, die Erkenntnistheorie vom Bewußt-Sein. (Über diese gute Definition vgl. Joh. Rehmke, Die Welt als Wahrnehmung und Begriff, Berlin 1880, S. 66 f.; über die Psychol. und den Objekt-Subjekt-Gegensatz vgl. H. Leser, Einführ. in die Grundprobleme der Erkenntnistheorie, Leipzig 1911, Veit & Co., S. 171 f.)

Psychologische Richtungen: a) metaphysische.

8. Zur ersten Gruppe gehören die metaphysischen, zur zweiten die empirischen Richtungen der Psychologie.

9. Worin besteht das Wesen der metaphysischen Richtungen innerhalb der Psychologie?
10. Wie heißen die beiden Richtungen der ersteren Art, und wie unterscheiden sie sich voneinander?

11. Welche metaphysischen Richtungen der Psychologie stehen den spiritualistischen entgegen?
12. Worin besteht ihre Eigentümlichkeit?

13. Als was betrachtet der mechanische Materialismus die psychischen Prozesse, und welche Philosophen vertreten diese Richtung?

14. Welche andere Form der materialistischen Auffassung findet sich bei Diderot und Spencer?

---

b) empirische.

15. Welches ist das Charakteristikum der empirischen Richtungen in der Psychologie?
16. Wie motivieren die empirischen Richtungen der Psychologie ihre biologischen Gliederungsgesichtspunkte?

17. Welche beiden empirischen Richtungen der Psychologie sind zu unterscheiden hinsichtlich der möglichen Arten der Erfahrung?

18. Welche beiden Hauptrichtungen der Psychologie sind hier zu unterscheiden in betreff der den psychischen Prozessen zugrundeliegenden Tatsachen?

9. Sie führen psychische Erfahrungen zurück auf eine Seelensubstanz oder leiten sie von Vorgängen und Eigenschaften der Materie ab.

10. Es sind dies der spiritualistische Dualismus und der spiritualistische Monismus; der erstere, von Aristoteles und Descartes verfochten, nimmt eine von der Materie wesensverschiedene Seelensubstanz an, der letztere nicht. Verfechter des spiritualistischen Monismus sind Leibniz, Herbart und Lotze.

11. Die materialistischen.

12. Sie betrachten die psychischen Prozesse als Resultate der eigentümlichen Gruppierung von Teilen der Materie.

13. Der mechanische Materialismus des Hobbes, des Lamettrie und anderer französischer Materialisten hält die seelischen Prozesse für gleichbedeutend mit molekularen Bewegungen im Gehirn.

14. Der psycho-physische Materialismus, der das Wesen der psychischen Prozesse aus der Verkettung, Verflechtung und Summation physischer Vorgänge im Gehirn zu erklären sucht.

---

b) empirische.

15. Sie alle entwickeln die zusammengesetzten psychischen Prozesse aus einfachen Seelenvorgängen.

16. Mit der Tatsache, daß sich Seelenvorgänge wie Lebensvorgänge sonst „in einem Verlauf andrängender Reize und entsprechender Reaktionen" vollziehen (vgl. Benno Erdmann, Grundzüge der Reproduktionspsychologie, de Gruyter 1920, S. 1).

17. Die Psychologie der reinen Selbstbeobachtung und die Psychologie als Wissenschaft der unmittelbaren Erfahrung. Jene ist die sog. Psychologie des inneren Sinnes bei Locke, Kant und Beneke; sie behauptet im Gegensatz zu der Psychologie als Wissenschaft der unmittelbaren Erfahrung eine Besonderungsmöglichkeit in innere und äußere Erfahrung.

18. Die deskriptive oder Vermögenspsychologie und die explikative Psychologie.

19. Worin besteht die Eigenart jener?

20. Welche beiden Richtungen sind innerhalb der explikativen Psychologie noch zu unterscheiden?

21. Zu welcher dieser Richtungen gehört die sog. Assoziationspsychologie?

22. In welchem Verhältnis steht die Psychologie a) zur Naturwissenschaft? b) zu den Geisteswissenschaften?[1]).

23. Was ist über das Psychologische im Erkenntnisproblem zu sagen?

24. Wohin führt diese Ansicht schließlich?
25. Wessen Eigengesetzlichkeit verkennt dieser Psychologismus gewöhnlich?
26. Welche moderne psychol. Richtung ist ebenfalls vielfach in einen Psychologismus ausgeartet?
27. Inwieweit sind die sinnlichen Empfindungen Gegenstand der Psychologie?

28. Welchen Gewißheitsgrad haben die Schlüsse, die das Einzelbewußtsein in bezug auf psychologische Beobachtungen ziehen kann?
29. Woran sind die Prozesse des Innenlebens geknüpft?

---

[1]) Eine ausgezeichnete Einteilung der Psychol. nach ihren Gegenständen vgl. in Th. Elsenhans-Buchenau, Psychol. und Logik, de Gruyter, 1929, 6. Aufl. S. 121, S. G. !

19. Diese von Wolff, Tetens und Kant vertretene Richtung klassifiziert die seelischen Vorgänge nach voneinander unabhängigen Gruppen oder Vermögen. (Über die Seelenvermögen als „Substanzen im Leben der inneren Erfahrung“ vgl. Witte, Über Freiheit des Willens [de Gruyter] 1927, S. 108 ff.)

20. Die intellektualistische Psychologie, die alle psychischen Gebilde aus dem Vorstellungsleben entwickelt (Locke, Berkeley), und die voluntaristische Psychologie, die sie auf Willensvorgänge zurückführt (Wundt, Paulsen).

21. Sie ist eine Form der intellektualistischen Psychologie, die die höheren psychischen Prozesse auf niedere intellektuelle Vorgänge basiert. Assoziationspsychologen sind Hartley, Hume und Herbart.

22. Sie ergänzt jene und liefert die Grundlage für diese. (Über Psychol. als angewandte Wissenschaft vgl. Th. Erismann, Angewandte Psychologie, de Gruyter, 1920, S. 5 ff., S. G.)

23. Die Psychologie behauptet, Erkenntnis sei an die Gesetze des allgemeinen Bewußtseinsprozesses gebunden; sie macht also aus dem Erkenntnisproblem ein psychologisches (vgl. Nic. Hartmann, Grundzüge einer Metaphysik der Erkenntnis, de Gruyter, 2. Aufl. 1925, S. 17 f.)

24. Zu einem ausgeprägten Psychologismus.

25. Die der Relation zwischen Subjekt und Objekt.

26. Die Psychoanalyse (vgl. darüber Kranefeldt, Die Psychoanalyse, de Gruyter, 1930, S. 60, S. G.).

27. Insoweit als sie in den Bewußtseinsbestand des in sich abgeschlossenen Individuums übergehen; die Naturwissenschaft ist dieser Einschränkung nicht in dem Maße unterworfen.

28. Sie können gewöhnlich nur Wahrscheinlichkeitsschlüsse sein.

29. An das Nervensystem, an die Tätigkeit der Sinnes- und Zirkulationsorgane.

Die Seele.

30. Woraus erhellt die Tatsache der Existenz des Subjekts?
31. In welcher Verbindung stehen diese Realitäten außerdem noch?
32. Welche Eigenschaft haftet dem Ich an?
33. Wie hat das Ich teil an der Wirklichkeit der Raumwelt?
34. Läßt sich hinsichtlich des Ich-Umfanges etwas ausmachen?
35. Welche Eigenschaften müssen dem Ich noch zugeschrieben werden?
36. Inwiefern ändern sich die erste und die letzte dieser drei Eigenschaften beständig?
37. Wohin können solche Änderungen schließlich führen?
38. Was gilt von der Möglichkeit der Spaltung des Ich?
39. Welchen Namen führt das Subjekt als Träger des psychischen Lebens?
40. Wie hat Ebbinghaus die Seele in Beziehung hierauf definiert?
41. Was wird in dieser Begriffsbestimmung geleugnet?
42. Wie bestimmt sich der Unterschied des Seelischen vom Geistigen?

Die Seele.

30. Daraus, daß psychische Realitäten im Ich bewußt werden.
31. Sie sind nicht nur mit dem Ich, sondern auch miteinander verknüpft.
32. Das Ich ist identisch mit sich selbst; das ist psychisch etwa dasselbe, was man bei den Körpern deren Räumlichkeit zu nennen gewohnt ist.
33. Als Urheber von Handlungen, die sich in die Raumwelt erstrecken.
34. Nein. „Der Gedanke ... einer Sphäre des Ich, aus der es ein „Heraus", oder in die es ein „Hinein" gäbe, wäre ... absurd. (Otto Janssen, Das erlebende Ich und sein Dasein, de Gruyter, 1932, S. 2.)
35. Die Einfachheit, die sich in der Beschränkung der Anzahl der in einem Moment möglichen Vorstellungen oder sonstiger seelischer Gebilde zeigt, und die Zeitlichkeit des Ich oder seine Mit-Gebundenheit an den zeitlichen Ablauf der Geschehnisse.
36. Die Identität des Ich muß mit dem Zunehmen der Einsicht und sein Verhältnis zur Zeit muß mit deren wechselndem Inhalt Änderungen erfahren. (Über die Entfaltung des Ich vgl. Janssen, a. a. O., S. 6 ff.)
37. Es kann durch pathologische Entfremdungen vom Ich (anormales Seelenleben) schließlich zur Depersonalisation kommen.
38. Sie ist zu bejahen als Basis auchgegebener neuer Zuständlichkeiten im seelischen Leben mancher seelisch übernormalen Menschen (vgl. Janssen a. a. O. S. 80 ff.).
39. Es wird als Seele bezeichnet.

40. Er bezeichnet sie als Träger oder Inbegriff aller Realitäten, die unter jeder möglichen Betrachtungsweise als getragene gelten.
41. Daß die Seele ein Wesen für sich im metaphysischen Sinne ist.
42. Das Seelische ist „etwas mit der Organisation des Menschen Gewachsenes", nicht aneignungsfähig wie der Geist (vgl. Janssen, a. a. O., S. 147 ff.).

Sitz der Seele.

43. Wohin hat Aristoteles den Sitz der Seele gelegt?
44. Seit wann wurde das Gehirn als Sitz der Seele betrachtet?
45. Durch welche Überlegung hat sich Descartes veranlaßt gesehen, den Sitz der Seele in die Zirbeldrüse zu verlegen?
46. Welche anderen Gehirnteile hat man in der Folge als Sitz der Seele in Anspruch genommen?
47. Welcher moderne Philosoph hat in einigen seiner Schriften die Frage nach dem Sitz der Seele ebenfalls noch im Sinne der Substanztheorie beantwortet?
48. Welches ist dagegen jetzt die herrschende Ansicht über den Sitz der Seele?
49. Woraus erhellt nach Ebbinghaus die gänzliche Dezentralisation der seelischen Funktionen?

Verhältnis von Seele und Leib. a) Tatsächliches.

50. Wovon ist der Stand der Entwickelung des geistigen Lebens abhängig?
51. Welche anderen Aufgaben hat das Gehirn neben den rein geistigen noch zu erfüllen?
52. Warum kommt also neben dem absoluten Hirngewicht auch das relative (im Verhältnis zum Körpergewicht) in betracht?
53. Woraus geht hervor, daß Größe und Ausbildung des Gehirns der Höhe des intellektuellen Lebens parallel laufen?

Sitz der Seele.

43. In das Herz des Menschen.

44. Seit Hippokrates und dem alexandrinischen Anatomen Herophilus (300 v. Chr.).

45. Seine Substanztheorie verlangte ein punktuelles Zentrum, in dem Seele und Leib (Gehirn) zusammenhängen.

46. Besonders in die unpaar vorhandenen Teile des Gehirns (Brücke, Balken, verlängertes Mark) verlegte man den Seelensitz, weil man sich am ehesten hier Seelisches und Nervöses vereinigt denken konnte.

47. Lotze; er bezeichnet das faserfreie Nervenparenchym als Sitz der (substantiellen) Seele.

48. Man sieht jetzt von einer Lokalisierung des Seelensitzes ab; eine solche L. würde eine außerordentliche Gefahr für das Seelenleben bedeuten im Falle einer Verletzung der Seelenstelle und ist schon deshalb (aus Zweckmäßigkeitsgründen) unwahrscheinlich.

49. Aus der Tatsache, daß die Seele an allen möglichen Punkten des Gehirns und des Nervensystems überhaupt von außen her erregt werden kann. Insofern bezeichnet E. auch die Seele als ein räumliches Wesen.

Verhältnis von Seele und Leib. a) Tatsächliches.

50. Er ist im allgemeinen eine Funktion der Größe und der Ausbildung des Gehirns.

51. Es kommt außer für die Koordination der willkürlichen Bewegungen für die unwillkürlichen Bewegungen und für die Nervenversorgung der Organe des Blutkreislaufes, der Ernährung und der Atmung in Frage.

52. Weil ein größerer Körper auch einen umfangreicheren Apparat zur Bewältigung der erwähnten nichtgeistigen Aufgaben voraussetzt.

53. Aus der Tatsache, daß normale und junge Kulturmenschen bzw. (höherstehende Tiere) ein größeres Gehirn haben als Idioten und Greise bzw. (niedere Tiere).

54. Zwischen welchen Grenzen schwankt das absolute Gehirngewicht des erwachsenen Menschen?
55. Wie verhält sich das absolute Hirngewicht beider Geschlechter bei Individuen von gleichem Körpergewicht?

56. Welcher Bruch bezeichnet das relative Hirngewicht des Menschen, und welche Tiere haben hier eine günstigere Verhältniszahl als der Mensch?

57. In welcher Beziehung aber erreicht kein Tier den Menschen?

---

58. Worin zeigt sich gewöhnlich die Wirkung von Gehirnverletzungen?
59. Welche Erscheinung geht umgekehrt mit sich ausbildenden psychischen Anomalien einher?
60. Welches sind die bekanntesten abgespaltenen Komplexe oder Neurosen?
61. Als was betrachtet die Medizin die neurotischen Symptome?

62. Welches sind die mildesten Neurosenformen?

63. Welchen Namen trägt die von Sigmund Freud ausgebaute Theorie und Technik der Neurosenbehandlung?

54. Zwischen 1200 und 1600 g beim Manne und zwischen 1100 und 1450 g beim Weibe[1]).

55. Es differiert um 80—100 g zugunsten des männlichen Geschlechts; doch beträgt das Gewicht des eigentlichen Intelligenzteils, des Stirnlappens, beim Manne durchschnittlich 42%, beim Weibe 41,3% vom Gesamtgewicht des Gehirns (s. Forel, ibid. S. 65).

56. $^1/_{40}$; manche Vögel sind in dieser Beziehung günstiger gestellt als der Mensch; doch bleibt bei ihnen infolge der starken Inanspruchnahme der nervösen Masse für Bewegungsinnervationen für das Geistige verhältnismäßig wenig zur Verfügung.

57. In der Vereinigung eines sehr hohen absoluten mit einem ansehnlichen relativen Hirngewicht.

---

58. In nervösen Störungen.

59. Strukturänderungen innerhalb der nervösen Masse begleiten sie.

60. Neurasthenie, Hysterie und Epilepsie[2]).

61. Sie hält sie für psychogen, für Wirkungen unbewußt gebliebener Inhalte auf das Bewußtsein.

62. Gewisse Fehlleistungen des Bewußtseins, z. B. das Versprechen, das plötzliche Vergessen, unerwartetes Ungeschick, Mißverstehen und Erinnerungshalluzinationen [man meint, man habe etwas getan oder gesagt (vgl. hierzu C. G. Jung, Seelenprobleme der Gegenwart, Zürich 1931, Rascher u. Cie, S. 7 f.).

63. Sie heißt Psychoanalyse (vgl. Kranefeldt, Die Psychoanalyse, de Gruyter 1930, S. 18 ff., S. G.).

---

[1]) Nach A. Forel (Die sexuelle Frage, S. 63) beträgt das durchschnittliche Gehirngewicht der Männer kaukasischer Rasse 1350—1353 g, das der Weiber dieser Rasse 1200—1225 g.

[2]) Über Neurosen als psychopathische Belastungsmomente vgl. H. Stelzner, Die psychopathischen Konstitutionen, Berlin 1911, Karger, S. 28 ff.; über Neurosen als Stufen der Depersonalisation vgl. O. Janssen, Das erlebende Ich usw. S. 29 ff. und S. 69 ff.

64. Woraus ist nach Freud der menschliche Charakter aufgebaut?

65. Welche der Psychoanalyse verwandten Richtungen verfolgen ähnliche Ziele wie sie?

66. Was versteht man unter Psychasthenie?

---

b) Theorien über das Verhältnis von Seele und Leib.

67. Mit welcher Antinomie müssen sich alle Theorien über das Verhältnis von Leib und Seele beschäftigen?

68. Welche Theorien über das Verhältnis von Seele und Leib zu einander sind aufgestellt worden?

69. Welche drei Theorien hat Leibniz an seinem berühmten Uhrenbeispiel illustriert?

70. Wie ist nach diesem Beispiel das Verhältnis zwischen Seele und Leib aufzufassen?

71. Was besagt die Identitätstheorie über das Verhältnis von Seele und Leib?

72. Wie ist nach diesen beiden Erscheinungsweisen die Identitätstheorie bestimmt worden?

64. Aus dem sublimierten, d. h. durch Ablenkungen vom Sexualziel erzeugten Material sexueller Erregungen (s. ebenda S. 62).

65. Die Individualpsychologie (Alfred Adler, Wien) und die analytische Psychologie von C. G. Jung (Zürich).

66. Die Schwäche der synthetischen Fähigkeit des Bewußtseins (vgl. E. Mattiessen, Der jenseitige Mensch, de Gruyter 1925, S. 138 ff.).

---

b) Theorien über das Verhältnis von Seele und Leib.

67. Mit derjenigen, daß „entweder die Transzendenz und Realität des Gegenstandes oder aber das Erfassen seiner Bestimmtheiten durch die Sinne Schein ist". (Nic. Hartmann, a. a. O. S. 374 ff.)

68. Die fünf wichtigsten sind die psychologische Theorie des Okkasionalismus, die Wechselwirkungslehre, die Theorien von der prästabilierten Harmonie, der Identität und dem psychophysischen Parallelismus.

69. Die drei erstgenannten. (Über den Okkasionalismus vgl. E. v. Aster, Geschichte der neueren Erkenntnistheorie, de Gruyter 1925, S. 81 ff.)

70. Leibniz vergleicht Seele und Leib mit 2 Uhren. Deren Gehwerke könnten von Anfang an so gut gearbeitet sein, daß beide stets genau den gleichen Gang behalten; dies ist — auf das Verhältnis von Seele und Leib übertragen — die Ansicht der Lehre von der prästabilierten Harmonie; oder es könnte „bei Gelegenheit" irgendeiner Störung in einer der beiden Uhren Gott als Regler eingreifen; dies ist die Meinung des Okkasionalismus; oder es wäre ein Hebelwerk zwischen beiden Uhren eingeschaltet, das beständig die eine Uhr nach dem Gang der andern einstellt; dies ist der Standpunkt der Wechselwirkungstheorie.

71. Sie hält beide für eine einzige Wesenheit, die aber zwei verschiedene Erscheinungsweisen hat.

72. Sie erscheint als spiritualistische Theorie, indem sie die Materie und ihre Eigenschaften vom Geiste abhängig macht, als materialistische, indem sie den Geist eine Eigenschaft, ein Produkt oder eine Form der Materie nennt.

73. Welche Ansicht über das Verhältnis von Seele und Leib wird als psychophysischer Parallelismus bezeichnet?

74. Welcher Unterschied besteht hinsichtlich der Realitätsbestimmung der beiden Manifestationsweisen des Daseins zwischen der Identitätstheorie und dem psychophysischen Parallelismus?

75. Wie erklären Sie den hiatus irrationalis im psychophysischen Parallelismus?

---

76. Nennen Sie Vertreter a) des Okkasionalismus, b) der Wechselwirkungslehre, c) der Lehre von der prästabilierten Harmonie, d) der Identitätstheorie, e) des psychophysischen Parallelismus!

77. Gegen welche der genannten Theorien sind von seiten der Naturwissenschaft schwerwiegende Einwände gemacht worden?

78. Wer hat gegen die Lehre vom psychophysischen Parallelismus Einwände erhoben?

79. Welche Bewandtnis hat es mit diesen?

73. Der psychophysische Parallelismus erkennt eine Zweiheit oder Zweiseitigkeit des menschlichen Daseins nach Leib und Seele an, die er unter dem Bilde von Kugel- oder ellipsoidischen Schalen verdeutlicht, bei denen z. B. die Konkavität stets zugleich mit der Konvexität sich ändere.

74. Der letztere behauptet gewissermaßen eine vollere Realität des Nervösen für sich und des Geistigen für sich als die erstere.

75. Als das Auseinanderklaffen der Problemgebiete und der Methode; es handelt sich nicht um „Unterbrechung der bestehenden Einheit zwischen physischen und psychischen Vorgängen", sondern um das „Bewußtsein, daß nicht die einen aus den anderen erklärt, hergeleitet oder irgendwie verständlich gemacht werden können" (Nic. Hartmann, Grundzüge usw., a. a. O., S. 377).

---

76. a) Geulinx, Malebranche; b) Descartes, Busse, Wentscher, Stumpf; c) Leibniz; d) Schelling, Riehl; e) Spinoza, Fechner.

77. Gegen die Wechselwirkungslehre; die Sätze von der Erhaltung der Energie und von der notwendigen Geschlossenheit des materiellen Geschehens werden als Argumente gegen sie geltend gemacht.

78. Busse hat das sog. Austerlitz-Argument und das Telegrammargument gegen sie angeführt.

79. In dem Austerlitz-Argument bestreitet Busse den durchgehenden psychophysischen Parallelismus zwischen den nervösen und geistigen Prozessen im Gehirn Napoleons während der Schlacht bei Austerlitz, und im Telegrammargument negiert er jenen Parallelismus mit der Behauptung, daß bei nahezu völliger äußerer Gleichheit zweier Reize doch zwei außerordentlich verschiedene Wirkungen erzielt werden können.

2 Telegramme: „Fritz angekommen!"
„ umgekommen!"

80. Was ist dazu kritisch zu bemerken?

Psychologisches vom Denken.

81. Wie unterscheidet sich das Denken des Menschen von dem der höheren Säuger?
82. Welche Richtung bestreitet, daß wissenschaftl. Denken durch psychol. Untersuchung der Denkprozesse erreicht werden könne?
83. Was versteht die alte Vermögenspsychologie unter Verstand und Vernunft?

84. Woran ist wenigstens das erstere gebunden?

85. Was kann also durch Sprachstudium sehr gefördert werden?

86. Welche drei psychologischen Stufen der Sprachentwickelung unterscheidet Erdmann?

87. Wie nennt er diese Wahrnehmungen alle zusammen?

88. Welcher Art sind die Gegenstände des Denkens?
89. Wie heißt seit Descartes die Gesamtheit aller Denkvorgänge?
90. Wodurch ist das Bewußtsein der Seele bedingt, und welche Art seelischen Lebens bildet den Untergrund des Bewußtseins?
91. Welche drei Theorien sind über das letztere aufgestellt worden?

80. Beide Argumente überzeugen nicht; sie entspringen einer wenigstens teilweisen Mißdeutung des Tatsächlichen der Reizerscheinungen oder der Nichtbeachtung der mit ihnen verknüpften logischen Bedeutung.

Psychologisches vom Denken.

81. Es ist ein logisches im Gegensatz zum hypologischen dieser, bei dem Glieder des zusammenhängenden Denkverlaufes ausfallen.

82. Der Antipsychologismus.

83. Das logische Denken, das nach B. Erdmann entweder formuliertes oder unformuliertes (intuitives) Denken ist; vgl. Erdm., Logik a. a. O. 3. Aufl. S. 34 ff. (Über geschultes und ungeschultes Denken vgl. auch Witte, Über Freiheit des Willens, 1882 [de Gruyter], S. 16.)

84. An die Sprache; deshalb gibt es im Sinne der Vermögenspsychologie kein Denken vor der Entwickelung der sprachlichen Ausdrucksfähigkeit.

85. Das psychologische (neben dem logischen, ethischen und ästhetischen) Verständnis (vgl. A. Buchenau, Abriß der Psychol., 2. Aufl., de Gruyter, 1918, S. 65).

86. Das Verständnis der Lautsprache (akustische), das Eigensprechen (motosensorische) das Lesen- und Schreibenlernen (optisch-sensorische und graphisch-sensorische Wortwahrnehmungen). (Vgl. Benno Erdmann, Logik, Walter de Gruyter, 1923, S. 35 ff.; über die ersten Sprachleistungen und das ideatorische Lernen vgl. noch Koffka, Die Grundlagen der psych. Entwickl., Zickfeldt, Osterwieck, 1921, S. 229 ff.)

87. Sie heißen bei ihm Präsente; die aus ihnen abgeleiteten Vorstellungen nennt er Repräsente.

88. Es sind solche der Sinnes- und solche der Selbstwahrnehmung.

89. Sie werden als Bewußtsein zusammengefaßt.

90. Durch Veränderung, Mannigfaltigkeit und Gegensatz; das unbewußte Seelenleben ist seine Grundlage.

91. (a) Die von Steinthal vertretene Theorie betrachtet die unbewußten Vorstellungen nur als solche, deren Mechanisierung eine voll ständige ist, (b) die Brentanosche bezeichnet sie nur als dauernde

92. Von wem ist Humes Lehre über diesen Gegenstand wieder erneuert worden?
93. Welcher moderne psychologische Begriff steht hierzu in enger Beziehung?
94. Wobei spielt sie praktisch eine große Rolle?

95. Was versteht man unter Fehlsamkeit?

96. Welcher moderne Psychologe hat sich über kombinierte Fehlleistungen der Seele ausführlich geäußert?
97. Was versteht man unter der Theorie der Allbeseelung?

Psychologische Methoden.

98. Welches sind die beiden hauptsächlichsten psychologischen Methoden?

99. Welche Mängel haften der Selbstbeobachtung für gewöhnlich an?

100. Welche Gefahren sind mit der Selbstbeobachtung verbunden?

101. Wodurch muß also die Selbstbeobachtung ergänzt werden?

Nachwirkung früherer nervöser Erregungen oder als Erregungen, die unter dem absoluten Schwellenwert geblieben sind.

92. (c) Von Lipps und Paulsen, die wie Hume Vorstellungen in und außer Bereitschaft unterscheiden.

93. Der der psychologischen Disposition.

94. In der Psychologie der Begabung (über deren Probleme vgl. etwa E. Meumann, Abriß der experimentellen Pädagogik, Verlag Engelmann, Leipzig 1914, S. 236 ff.) und in der sog. Fehlsamkeit.

95. Fehlsamkeit ist die Gesamtheit innerlich angelegter Wirkungsfähigkeiten, die Fehlleistungen begünstigen (vgl. A. Kießling, Die Bedingungen der Fehlsamkeit, Klinkhardt, 1925, S. 4 und Weimer, Psychologie der Fehler, Klinkhardt, 1925, S. 1 ff.).

96. Siegmund Freud in seiner Psychopathologie des Alltagslebens (Berlin 1912, Karger, S. 159 ff.).

97. Es ist diejenige Lehre, die eine Grenze nach unten für die Beseelung der Materie nicht anerkennt und die eine der menschlichen ähnliche, wenn auch graduell verschiedene Seelenentwicklung auch für die Pflanze, für die kristallisierten Gesteine, ja für ganze Weltkörper annimmt. (Über den Panpsychismus vgl. Max Apel, Philosophisches Wörterbuch, de Gruyter, 1930, S. 105, S. G.)

Psychologische Methoden.

98. Die Selbstbeobachtung und die Beobachtung fremder Bewußtseinsvorgänge.

99. Sie ist nicht vorurteilslos; sie entbehrt der wissenschaftlichen Allgemeingültigkeit, weil sie eben stets singulär ist; sie ermangelt der Objektivität.

100. Die der „erfundenen" und „experimentell fabrizierten" Bewußtseinsinhalte. (Vgl. B. Erdmann, Grundzüge, a. a. O., S. 37.)

101. Durch die Fremdbeobachtung[1]).

---

[1]) Vgl. hierzu auch die vier Wundtschen Kardinalforderungen für psychol. Untersuchungsverfahren bei A. Messer, Psychol., Stuttgart 1914, S. 57!

102. Worauf beruht diese?

103. Welches sind die Hauptmittel der physiologisch-psychologischen Forschung?

104 Welche Forscher haben sich zuerst planmäßig sogenannter psychophysischer Methoden bedient?

105. Wie heißen die wichtigsten dieser Methoden?

106. Wie sind im besonderen die beiden ersten zu charakterisieren?

107. Was versteht man unter sog. Tests? (Vgl. etwa den Bourdon-Test, Erismann-Moers, Psychol. der Berufsarbeit, Tl. 1, S. 70 und die übrigen dort (S. 86 ff.) angegebenen Tests!)

---

108. Welche Arten der Darstellung psychischer Prozesse sind möglich?

109. Wodurch ist das philosophische Verfahren in der Psychologie charakterisiert?

110. Wie verfährt die physiologische Psychologie?

102. Auf der seelischen Resonanz und auf seelischer Entwicklungsanalogie (vgl. Otto Janssen, Das erlebende Ich und sein Dasein, de Gruyter, 1932, S. 96 ff.).

103. Experiment und Messung. (Über den Charakter des psychologischen Experiments vgl. E. Meumann, Vorles. zur Einführung in die experimentelle Pädagogik, Engelmann, Leipzig 1911, 2. Aufl., S. 14 ff.) Über experim. Psychol. vgl. Erismann-Moers, Psychol. der Berufsarbeit, H. I, S. 5 ff. (de Gruyter, 1922, S. G.).

104. Foucault, G. E. Müller, Plateau, Fechner, Wundt.

105. Es sind die Methoden der ebenmerklichen Unterschiede, der übermerklichen Unterschiede, der mittleren Fehler und die Methode der richtigen und falschen Fälle.

106. Die Methode der ebenmerklichen Unterschiede besteht darin, daß von zwei Reizen der eine dem anderen an Stärke soweit angeglichen wird, daß die beiden jenen Reizen korrespondierenden Empfindungen gerade noch als verschieden aufgefaßt werden können.

Bei der Methode der übermerklichen Unterschiede handelt es sich nicht um Stufen geringster Empfindlichkeit, sondern um Ermittelung von Reizen, die größeren Stufen zugeordnet sind und die bei dem Beobachter den Eindruck gleicher Empfindungsabstände hervorrufen.

107. Es sind Probeexperimente, durch die man die Reaktionen einer möglichst großen Zahl von Versuchspersonen in fixierten Situationen untersucht (vgl. H. K. Schjelderup, Psychologie, de Gruyter, 1928, S. 5).

---

108. Man kann eine philosophische, eine physiologische, eine rein morphologische, eine entwickelungsgeschichtliche und noch andere Darstellungsweisen unterscheiden.

109. Es benutzt die psychologischen Erkenntnisse zur Grundlegung für die sog. Geisteswissenschaften.

110. Sie legt den Nachdruck auf die Art des Ablaufs der psychischen Prozesse.

111. Welches sind die bekanntesten Vertreter dieser Art psychologischer Betrachtung?

112. Worauf beschränkt sich ein rein morphologisches Darstellungsverfahren in der Psychologie?

113. Welche Psychologen und Philosophen haben vorzugsweise diesen Weg verfolgt?

114. Wie endlich heißt die Darstellungsart, die dem Evolutionsgedanken in der Psychologie Geltung zu verschaffen sucht?

115. Womit befaßt sie sich?

116. Welche Philosophen und Psychologen können als Vertreter einer derartigen Betrachtungsweise genannt werden?

117. Was versteht man unter differentieller Psychologie?

118. Wie heißt der Gegensatz zur psychologischen Methode, die nur vom menschlichen Bewußtsein ausgeht?

119. Was ist Parapsychologie?

B. Gehirnphysiologische Grundlagen der Psychologie.

Struktur der nervösen Elemente.

120. Welche Forscher haben durch gehirnphysiologische Untersuchungen bahnbrechend gewirkt?

121. Aus welchen Elementen besteht die nervöse Substanz?

111. Die englischen Assoziationspsychologen, besonders Hume und Hartley, ferner Herbart mit seiner Lehre über die Mechanik der Vorstellungen und seiner Theorie von der Apperzeption.

112. Es geht zergliedernd, anatomisch und beschreibend vor.

113. Die Zergliederung der Affekte in Spinozas Ethik, die psychologisch analysierende Erörterung ästhetischer Fragen bei Home, Hutcheson, Volkelt u. a. sind als psychologische Anatomie oder Morphologie aufzufassen.

114. Es ist die entwickelungsgeschichtliche oder genetische.

115. Sie untersucht die Bedingungen der stammesgeschichtlichen Entfaltung psychischer Realitäten und prüft die Geltung atavistischer Theorien bei dieser.

116. H. Spencer und W. Wundt.

117. Es ist die Psychologie der individuellen Differenzen. Sie untersucht, wie sich das Bild einer tatsächlich vorhandenen Individualität aus der Fülle ihrer Merkmale, und wie sich die Struktur der Individualität aus den Beziehungen der Merkmale untereinander darstellen läßt (William Stern).

118. Es ist die noologische (Eucken-Budde), die sich beständig auf eine das Menschliche überragende Geisteswelt bezieht (s. Apel, a. a. O., S. 100!).

119. Nach Dessoirs Definition ist P. die Wissenschaft von den Erscheinungen, die aus dem normalen Verlauf des Seelenlebens herausfallen.

B. Gehirnphysiologische Grundlagen der Psychologie.

Struktur der nervösen Elemente.

120. Waldeyer, Nissl, v. Lenhossek und Kölliker.

121. Aus Ganglienzellen und Nervenfasern.

122. Welche Beziehung haben diese Elemente zu einander?

123. Was gilt von der Zahl und Größe der Neuronen?

124. Welche Formen der Nervenzellen kommen vor?

125. Welche beiden Arten von Zellfortsätzen des Neurons sind zu unterscheiden?

126. Was ist über die Struktur der Ganglienzellen zu sagen?

127. Was gilt vom Bau und von den Schutzeinrichtungen der Nervenfaser?

128. Welchem Teile eines Neurons fällt die Funktion seiner Ernährung zu?

129. Worin zeigt sich aber, daß die Zelle auch von der Faser abhängig ist?

Bau des Nervensystems.

130. In welche drei verschiedenen Gruppen nervöser Bestandteile läßt sich die Gesamtheit der Neuronen einteilen?

131. Welche Elemente gehören zu den peripheren Ganglien?

122. Jede Nervenfaser geht durch eine Ganglienzelle hindurch oder verschmilzt an ihrem einen Ende mit ihr; beide bilden zusammen einen nervösen Elementarorganismus, ein Neuron.

123. Ihre Zahl wird auf einige Milliarden geschätzt; die größten Neuronen stehen an der Größe der Sichtbarkeit mit unbewaffnetem Auge, die übrigen sind mikroskopisch klein.

124. Es gibt sternförmige (multipolare), pyramiden-, spindelförmige (bipolare) und T-förmige (unipolare) Zellen.

125. Das Neuron besitzt außer dem Achsenzylinderfortsatz oder Neuriten häufig noch Dendriten, einfache Ausstülpungen des Nervenplasmas. Die Neuriten dienen der Erregungsleitung, die Dendriten zumeist der Aufsaugung der Erregung aus der Nachbarschaft des Neurons.

126. Sie sind durchzogen von feinen Fibrillen, die sie untereinander verbinden. Zwischen diesen Fibrillen liegen die sog. Nisslschollen. Umhüllt sind die Zellen von dem Golginetz.

127. Die Neuriten bestehen aus feinen, parallel gelagerten Fäden, die in einer gleichmäßigen Grundmasse von teigiger Konsistenz liegen. Die Achsenzylinder sind bei allen nervösen Massen in den Zentralorganen einfach geschützt durch die Markscheide, außerhalb der Zentralorgane außerdem noch durch die Schwannsche Scheide.

128. Der Nervenzelle, die infolge ihres Gehaltes an feinen Blutgefäßen eine rötlichgraue Farbe hat, wogegen die Nervenfasersubstanz weißlich aussieht.

129. Daran, daß eine Nervenzelle abstirbt, wenn sie von ihren Fasern entblößt wird.

Bau des Nervensystems.

130. In die drei „Provinzen" der peripheren Ganglien, der subkortikalen Zentren und der Großhirnhemisphären.

131. Die Ganglien der sensiblen Gehirnnerven (12 in jeder Kopfhälfte) und die sog. Spinalganglien, je 31 Zellanhäufungen außerhalb des Rückenmarks, aber noch innerhalb des Knochenrohrs der Wirbelsäule.

132. Welche Teile des Nervensystems werden als subkortikale Zentren bezeichnet?

133. Aus welchen Teilen besteht die dritte Neuronenschicht?

134. Wie sieht die Oberfläche dieser höchstgelegenen und höchstentwickelten Neuronenschicht aus?

135. Wodurch ist die höchste Schicht des Nervensystems mit den übrigen Schichten verbunden?

136. Inwiefern ist die Hintereinanderschaltung von Großhirn und subkortikalen Zentren entwicklungsgeschichtlich begründet?

Funktion der Nerven.

137. Welche Ansichten über das Wesen der nervösen Erregung sind nacheinander in Kurs gewesen?

138. Mit welchem Begriff arbeitet die letzte dieser drei Ansichten, und wie erklärt sie die Eigenart der nervösen Erregung?

139. Wie groß ist die Fortpflanzungsgeschwindigkeit der nervösen Erregung?

132. Das Rückenmark, das verlängerte Mark, die inneren Teile der Brücke und die sog. Sehhügel sind die wichtigsten subkortikalen Zentren.

133. Aus dem Großhirn und dem Kleinhirn, die sich beim menschlichen Embryo am spätesten von allen drei Gruppen des Nervensystems entwickeln.

134. Sie zeigt zahlreiche Wülste und Falten von typischem Verlauf und besitzt eine ansehnliche Flächenausbreitung, die beim Großhirn $^1/_5$ qm, beim Kleinhirn nicht ganz halb so viel beträgt.

135. Durch drei verschiedene Fasersysteme: a) die Assoziationsfasern innerhalb jeder der beiden Großhirnhälften, b) die Kommissuren, die der wechselseitigen Verbindung beider Hemisphären dienen, und c) die Projektions- oder Stabkranzfasern (Strahlungen), die die Verbindung zu den subkortikalen Zentren herstellen.

136. Das Großhirn entwickelt sich im Laufe der Stammesgeschichte durch Segmentation aus jenen Zentren. (Ausführliches über den Bau des Nervensystems s. bei H. Ebbinghaus, Abriß, S. 30 ff.)

Funktion der Nerven.

137. Im 18. Jahrhundert herrschte die Fluidaltheorie; seit Galvani und Du Bois-Reymond wurden die nervösen Prozesse als elektrische Vorgänge gedeutet; jetzt sieht man sie meist als chemische an.

138. Sie nimmt Affinitätsschwächungen und -steigerungen innerhalb der nervösen Substanz für die Weitergabe der Erregung in Anspruch und erklärt daraus die geringe Fortpflanzungsgeschwindigkeit, die rasche Erneuerung der Leitfähigkeit, die isolierte Leitung, die Notwendigkeit der anatomischen Unversehrtheit für die die Leitfähigkeit usw.

139. Sie schwankt nach Ebbinghaus bei warmblütigen Tieren zwischen 30 und 60 m pro Sek. und beträgt bei den übrigen ungefähr $^1/_{100}$ davon.

140. Inwiefern macht sich eine Verschiedenheit in der Geschwindigkeit der Fortpflanzung bemerkbar, je nachdem es sich um die graue Nervensubstanz der Zelle oder um die weiße der Fasern als Leiter handelt?

141. Welche verschiedenen Reize sind geeignet, nervöse Erregungen hervorzurufen?

142. Weshalb wirken intermittierende Reize stets kräftiger als einfache?

143. Woran wird die sog. Ermüdung eines Nerven erkennbar?

Reflexbewegungen und bewußte, zweckmäßig koordinierte Bewegungen.

144. Welche beiden Arten der Äußerungen des Nervensystems sind zu beobachten?

145. Wie unterscheiden sich jene von diesen?

146. Welches ist das Wesen der Reflexbewegung?

147. Womit sind die meisten Reflexbewegungen verbunden?

148. Welche Erscheinungen gehören zu den reflektorischen Bewegungen?

149. Woraus schließt man, daß das Gehirn bei den Reflexbewegungen nicht eingeschaltet ist?

140. In der ersteren verlangsamt sich die Fortpflanzung der nervösen Erregung infolge von inneren Widerständen gegen sie.

141. Nervöse Erregungen können ausgelöst werden durch mechanische Reize (Tast-, Reibungs-, Schallreize usw.), durch molekulare Bewegungen (Temperaturreize) und durch unmittelbare oder mittelbare chemische Influenz (Geschmacks-, Geruchsreize — Licht, Elektrizität).

142. Weil eine Summation der Reizwirkungen erfolgt.

143. Zunächst an der fortschreitenden Abstumpfung gegen Reizungen und ferner an Kernschrumpfungen in den Nervenzellen.

Reflexbewegungen und bewußte, zweckmäßig koordinierte Bewegungen.

144. Die Reflexe und die bewußten, zweckmäßig koordinierten Bewegungen.

145. Reflexbewegungen resultieren aus dem Zusammenarbeiten der peripheren Ganglien mit den subkortikalen Zentren; bei den zweckmäßig koordinierten Bewegungen fungiert das Großhirn als Regulator.

146. Sie besteht in der unmittelbaren subkortikalen Zurückstrahlung einer peripheren Erregung an andere Stellen der Körperperipherie.

147. Mit der Entfesselung latenter Kräfte im Nervensystem; denn anders ist die aus schwachen Reizen resultierende vielfache Verstärkung mancher Empfindungen kaum zu erklären.

148. Das Atmen, Erröten, Schlucken, Husten, Niesen etc., der Pupillarreflex, der Lidschlag u. a. m.

149. Aus der Tatsache, daß der Wille keinen Einfluß auf sie auszuüben vermag; manche Reflexe können sogar nicht einmal wahrgenommen werden.

150. Wie unterscheidet sich der Ablauf der reflektorischen Prozesse von dem der bewußten, zweckmäßig koordinierten Bewegungen?

151. Wann erfolgt eine Reflexhemmung?

152. Wann spricht man von einer Reflexbahnung?

153. Welche Reflexe haben die größte Stärke?

154. Welche beiden Arten von Reflexbewegungen sind zu unterscheiden in bezug auf ihren Wert für die Bewahrung des Organismus vor Schaden?

155. Welche allgemeine Unvollkommenheit haftet den Reflexbewegungen im Gegensatz zu den vom Großhirn dirigierten an?

156. In welchen Mängeln zeigt sich dies im einzelnen?

---

157. Sind die Funktionen des Großhirns frei von diesen Fehlern?

158. Welches ist also das hervorragendste Merkmal der vom Großhirn regulierten Bewegungen?

159. Worauf ist die hohe Entwicklung aller der vorgenannten Eigenschaften des Großhirns zurückzuführen?

---

160. Welche nervösen Wirkungen erreichen Bewußtseinsbedeutung?

161. Wie nennt man die besondere Charakteristik, die den verschiedenen Erregungen im Bewußtsein zuteil wird?

150. Der erstere ist im Gegensatz zu jenen in hohem Grade mechanisiert, erscheint schon beim Neugeborenen als von der Natur mitgegebener Fähigkeitskomplex und braucht nicht erst ausgebildet zu werden wie das Großhirn.

151. Wenn zugleich mit dem Auftreten eines Reflexes eine sensible Reizung stattfindet.

152. Wenn ein und dieselbe Reflexzone mehrfach gereizt wird.

153. Die von punktuellen Reizen hervorgerufenen.

154. Es sind die Angriffs- und Bemächtigungsbewegungen einerseits und die Abwehr- und Fluchtbewegungen andererseits.

155. Der reflektorische Apparat ist auf einen Durchschnitt objektiver Reizeinwirkungen eingestellt, was eine gewisse Starrheit dieser Einrichtung bedingt.

156. In der großen Verschwendung von Kraft bei der Auslösung von Reflexwirkungen und in dem Fehlen von Umsicht und Vorsicht bei der Betätigung des reflektorischen Systems. (Über reflektorische Handlungen vgl. K. Camillo Schneider, Tierpsychologisches Praktikum, Leipzig, Veit & Co., S. 10 ff.)

---

157. Die Koordination der vom Großhirn dirigierten Bewegungen erfolgt zweckmäßig, umsichtig, weitsichtig und ökonomisch.

158. Die weitgehende Anpassung an den jeweiligen Reizwert und die leichte Einstellung auch auf ungewöhnliche Verhältnisse.

159. Auf die große Mannigfaltigkeit des wechselseitigen Zusammenhanges seiner einzelnen Teile.

---

160. Die der Rinde des Großhirns übermittelten nervösen Erregungen gewinnen als Bewußtsein Wert für das geistige Leben.

161. Man spricht hier seit Joh. Müller von sog. spezifischen Sinnesenergien. (Vgl. Erismann, Psychol., III, de Gruyter, 1921, S. 5 ff., S. G.)

162. Warum kann die verschiedenartige Bewußtseinsbedeutung, wie sie als Ton, Farbe, Geschmack usw. erscheint, nicht auf Unterschieden in den jeweiligen Reizwirkungen beruhen?

163. Welche Verschiedenheit der Auffassung besteht über den Ort, an dem eine Erregung ihre spezifische Sinnesenergie erlangt?

164. Welche Teilwissenschaft der Psychologie beschäftigt sich damit, die verschiedenen geistigen Tätigkeiten auf bestimmte Hirnteile zu lokalisieren?

165. Durch welche Tatsachen scheinen die Lokalisationstheorien der Phrenologie bestätigt zu werden?

166. Woran krankt jedoch die rein phrenologische Betrachtung?

167. Wie hat man gleichwohl einige Sonderfälle der von den Phrenologen behaupteten Lokalisation nachgewiesen?

168. Welche interessante und biologisch wichtige Tatsache hat sich dabei ergeben?

C. Sinnespsychologie.

1. Gesichtsempfindungen.

169. Welcher Teil des Auges kommt für die Sehfunktionen zuallererst in Frage?

170. Als was dienen die übrigen Bestandteile des Auges?

162. Weil z. B. das Ohr auf Schlag, Stoß, Druck usw. stets mit Gehörsempfindungen, das Auge auf Licht, elektrische Reizung, Druck, Stoß usw. immer mit Licht- und Farbenempfindungen reagiert uff.

163. Manche nehmen an, daß die Empfindung diese eigentümliche Charakteristik erst in den zentralen Entsprechungen der peripheren Aufnahmeapparate erhält, andere suchen die Stelle des Eintritts der spezifischen Sinnesenergie in den peripheren Organen selbst.

164. Die Phrenologie, von deren älteren Vertretern Lavater und Gall bekannt geworden sind. (Vgl. Th. Elsenhans-Buchenau, Psychol. und Logik, 6. Aufl., S. 16 (de Gruyter, 1929.)

165. Durch das Vorhandensein einer Zuordnung z. B. eines Teiles des Schläfenlappens zur Hörfähigkeit, des Occipitalhirns zu den Gesichtsempfindungen, des vorderen Scheitelhirnlappens zur willkürlichen Gliederbewegung u. s. f.

166. Sie verfährt zu mechanisch und läßt die allgemeine Kombinationsfähigkeit des Großhirns außer acht, infolge deren man von einer Lokalisation der höheren geistigen Leistungen wie Einbildungskraft und Gedächtnis schlechterdings nicht reden kann.

167. Moderne Psychologen haben durch zahlreiche Versuche mit sog. Reiz- und Ausfallsmethoden den experimentellen Nachweis für eine Reihe genauer Zuordnungen erbracht.

168. Man hat in vielen Fällen Entsprechungen gewisser peripherer Sinnesgebiete in beiden Hemisphären des Großhirns festgestellt, womit die Möglichkeit eines wechselseitigen Ersatzes bei Läsionen und Störungen, also eine große Anpassungsfähigkeit auch bei anormalen äußeren Umständen gewährleistet ist.

C. Sinnespsychologie.

1. Gesichtsempfindungen.

169. Die Retina oder Netzhaut, die in flächenförmiger Ausbreitung periphere Sehzellen enthält.

170. Sie fungieren als Hilfsapparate.

171. In welcher Einrichtung besitzt das Auge eine verstellbare Blende ähnlich dem photographischen Apparat?

172. Welche Zellen bilden die Oberfläche der Retina?

173. Welche Retinastellen sind anders konstruiert?

174. Was geht aus dem Fehlen der Stäbchen im gelben Fleck hervor, da doch diese Stelle die des deutlichsten Sehens im Auge ist?

175. Welches sind die gröberen Teilvorgänge beim Sehen?

---

176. Welche beiden Arten von Eindrücken werden durch das Auge vermittelt?

177. Wie heißen die beiden Gegensätze innerhalb des eindimensionalen Kontinuums der unbunten oder neutralen Farbenempfindungen?

178. Wie hat man versucht, die Dreidimensionalität der bunten Farben zu versinnlichen?

179. Welche drei Eigentümlichkeiten sind an jeder Farbe zu unterscheiden?

180. Wie nennt man die Farben, die durch einfache nervöse Vorgänge entstehen?

181. Wie werden diese schon rein sprachlich von den übrigen Farben gesondert?

171. In der Iris; der Pupillarreflex verengt oder erweitert das Sehloch je nach der Stärke der objektiven Belichtung.

172. Die Stäbchen- und Zapfenzellen, von denen die ersteren den sog. Sehpurpur, einen lichtempfindlichen, rasch ausbleichenden Farbstoff, enthalten.

173. Der gelbe Fleck am hinteren Ende der Augenachse enthält nur Zäpfchen, und der blinde Fleck, die Stelle des Sehnervenaustritts, ist ganz ohne Stäbchen und Zapfen.

174. In den Zäpfchenzellen müssen die Ätherschwingungen in eine andere Energieform übergeführt werden.

175. Elektromotorische Prozesse in der Netzhaut, Ausbleichen des Sehpurpurs, Verlagerung der Kristalle des sog. Pigmentepithels und Verdickung der Stäbchen unter dem Einflusse starken Lichts.

---

176. Die Licht- und die Farbenempfindungen.

177. Weiß und Schwarz sind die Endglieder dieses Kontinuums, zwischen denen zahllose Nüancen des Grau liegen.

178. Man stellt sich die Gesamtheit aller bunten Farben als in ein Oktaeder hineingeschichtet vor; die Achse des Oktaeders verbindet die Pole des Schwarzen und Weißen; ihr liegen die reinen grauen Töne nahe; nach den vier seitlichen Ecken des Oktaeders zu — Rot, Gelb, Grün, Blau — gehen die grauen Töne allmählich in diese Farben über.

179. Die Helligkeit der Farbe, die von der Schwingungsintensität der Ätherwellen abhängt, die Sättigung, die bei einer Farbe um so tiefer ist, je weniger Wellen anderer Länge ihr beigemischt sind, und der Farbenton, der mit der Wellenlänge zusammenhängt.

180. Es sind die sog. Hauptfarben Rot, Gelb, Grün, Blau, Schwarz und Weiß.

181. Sie sind durch Grundworte benannt, während die übrigen zumeist mittels Vergleichs bezeichnet werden, z. B. violett, orange, olivfarben etc.

182. Welche drei verschiedenen Sehzonen sind in der Netzhaut zu unterscheiden?

183. Worin besteht die sog. Farbenblindheit?

---

184. Was gilt in bezug auf die Abhängigkeit der Farbenempfindung von der Reizstärke?

185. Von wem ist die letztgenannte Tatsache zuerst beschrieben und erläutert worden?

186. Welches ist überhaupt die geringste wahrnehmbare Helligkeit, die absolute Empfindungsschwelle für das Auge?

187. Welche Theorien haben die Abhängigkeit der Farbenempfindungen von der Zusammensetzung der objektiven Reize zum Gegenstande?

188. Wie heißen die bekanntesten?

189. Welches sind die gebräuchlichsten Methoden der Farbenmischung?

---

182. Im Mittelpunkt der Netzhaut wird die ganze dreidimensionale Mannigfaltigkeit der Farben empfunden; von da nach außen zu sind nur gelbe und blaue Töne wahrnehmbar, und an der Peripherie der Retina ist nur noch neutrale Farbenempfindung möglich.

183. Sie ist eine Reduktion der dreidimensionalen Farbenempfindung auf eine zwei- oder gar eindimensionale.

---

184. Je höher die letztere ist, desto mehr nähern sich alle Farben der zweidimensionalen Empfindung blau und gelb, und auch bei Abnahme der Reizintensität werden die Wahrnehmbarkeit der Farbenhelligkeit und die Sättigung herabgesetzt.

185. Von dem Physiologen Purkinje, nach dem die Verschiebung der relativen Helligkeiten im Spektrum bei sich verringernder objektiver Belichtung als Purkinjesches Phänomen bezeichnet wird (bei zunehmender Dämmerung erscheinen z. B. rote Heiligengewänder auf Bildern früher schwarz als blaue 2c.).

186. Es ist die Helligkeit tiefschwarzen Samts in 10 m Entfernung vom Auge, wenn er von einer brennenden Stearinkerze beschienen wird.

187. Die Gesetze und Theorien der Farbenmischung.

188. Es sind die vom Komplementarismus der Farbenpaare und von der Entstehung einer Farbe durch Vereinigung der ihr im Spektrum benachbarten Farben.

189. a) die rotative, bei der man Farbenmischungen erhält durch Rotation verschiedengefärbter Sektoren; b) die additive (Methode Lambert), bei der man eine Farbe durch ungefärbtes Glas fallen und eine andere an der Vorderseite des Glases sich abspiegeln läßt; c) die subtraktive, bei der farbige Gläser übereinandergelegt werden (der sich ergebende Farbeneindruck beruht auf Absorption); d) die Punktiermethode, die durch Häufung kleiner Farbflecken den gewünschten Mischeindruck erzielt (Öldrucke, Gobelins).

---

190. Worauf beruhen die Erscheinungen des Farbenkontrastes, und worin besteht dieser?

191. Welche beiden Eigentümlichkeiten besitzt die Kontrasterscheinung?

192. Welches ist die Helmholtzsche Erklärung des Kontrastes?

193. Was behaupten Hering, Mach u. a. dagegen?

---

194. Inwiefern sind die Farbenempfindungen an eine gewisse zeitliche Länge der Reizeinwirkung geknüpft.

195. Welches ist das Minimum der Reizdauer für geringe Lichtstärken?

196. Wie nennt man die Fähigkeit des Sehorgans, sich dem jeweilig vorhandenen Reizwerte anzupassen?

197. Hat die sog. persönliche Gleichung hiermit etwas zu tun? Was besagt sie?

198. Inwiefern bewirkt die Adaptation genau das Gegegenteil der Kontrasterscheinung?

199. Welche Folge hat eine längere Dunkeladaptation?

200. Wie heißen die Adaptationsnachwirkungen?

201. Welches ist die gewöhnlichste dieser Nachwirkungen?

190. Der Kontrast beruht auf der lokalen Anordnung der Reize und besteht in der Abänderung einer Farbe, die nur bei gleichzeitiger Beobachtung eines andersfarbigen Untergrundes sichtbar wird.

191. Sie wird an den Rändern zwischen zwei Flächen verschiedener Farbe am deutlichsten, und sie ist ein reziprokes Phänomen.

192. Helmholtz führt den Kontrasteindruck auf eine falsche Beurteilung der jeweils vorliegenden Farbunterschiede zurück. (Argument: Wir halten irrtümlicherweise Weiß für Weiß im Lampen- und im Dämmerlicht.)

193. Sie meinen, jede Farbenerregung in der Retina löse komplementäre Erregungen in den danebenliegenden Netzhautelementen aus. Hering und Mach betonen die große Zweckmäßigkeit der Kontrasterscheinung für die genaue Wahrnehmung der Außenwelt.

---

194. Die Eindrücke bedürfen einer bestimmten Dauer, um als Farben empfunden zu werden; je geringere Zeit sie „anklingen", desto grauer sind die Farbenempfindungen.

195. ca. $^1/_{10}$ Sekunde.

196. Sie heißt Adaptationsvermögen und ist so stark entwickelt, daß das Auge sich sogar gewöhnt, durch farbige Gläser hindurch die natürlichen Farben ungeändert zu sehen.

197. Nein. Sie zeigt, daß meßbare Zeiten zwischen körperlichen Vorgängen liegen können, die im Bewußtsein des Beobachters gleichzeitig sind oder sich unmittelbar folgen (vgl. G. F. Lipps, Grundriß der Psychophysik, de Gruyter, 1921, 3. Aufl., S. 87 f., S. G.).

198. Sie führt bei längerer Dauer zum Ausgleich und zur Verwischung der Helligkeitsdifferenzen.

199. Sie steigert die normale Lichtempfindlichkeit bis zu ihrem 4000-fachen Werte (Pipers); auch wird z. B. die rot adaptierte Retina grünsichtig u. s. f.

200. Es sind die sog. Stimmungen des Auges.

201. Das negative Nachbild.

202. Wie ist es zu erklären?

---

203. Welches sind die bekannteren Theorien über das Farbensehen?
204. Wie erklärt die Young-Helmholtzsche Theorie das Phänomen des Farbensehens?

205. Wie erläutert Helmholtz den Vorgang der Adaptation?

206. Welche Unvollkommenheiten haften der Helmholtzschen Theorie an?

207. Wie entgeht die Heringsche Theorie des Sehens der zuletzt erwähnten Unvollkommenheit?

208. Wie viele Sehsubstanzen nimmt Hering an?

209. Was erklärt Hering aus dem überwiegenden Vorhandensein des Schwarzweißstoffes im Auge?
210. Worin besteht der Gegensatz zwischen den beiden genannten Theorien des Farbensehens?

211. Womit erläutert Hering a) den Unterschied zwischen dem direkten und dem indirekten Sehen, b) die Farbenblindheit?
212. Welches ist der Inhalt der Duplizitätstheorie?

202. Nach Aufhören des ursprünglichen Reizes gleicht — metaphorisch gesprochen — die Komplementärfarbe die durch jenen bewirkte Inanspruchnahme der Retina wieder aus.

---

203. Die Young-Helmholtzsche, die Heringsche und die Duplizitätstheorie von v. Kries.

204. Sie geht aus von drei für sich vorkommenden Erregungen: Rot aus Strahlen größter Wellenlänge, Grün aus Strahlen mittlerer und Violett aus Strahlen kleinster Wellenlänge.

205. Er spricht dabei von einer „Ermüdung" der Roterregung, die sich in Helligkeits- und Sättigungseinbuße des Roten zeige und dadurch der Grünerregung das Hervortreten ermögliche.

206. Sie vermag die negativen Nachbilder, die Kontrasterscheinungen, sowie den Dualismus im Farbensystem nicht ausreichend zu erklären.

207. Sie unterscheidet nur zwei elementare Farbenempfindungskomplexe, den neutralen und den bunten, und spricht von einem Antagonismus zwischen den (komplementären) Gliedern beider.

208. Drei; die Rotgrün-, die Blaugelb- und die Schwarzweißsubstanz, wobei er die hellen Farben Dissimilierungs- und die dunklen Assimilierungsfarben nennt.

209. Die im Gegensatz zu den bunten weitaus größere Anzahl der neutralen (grauen) Farbeneindrücke.

210. Die Young-Helmholtzsche Theorie ist im allgemeinen mechanistischer als die Heringsche; die erstere betrachtet den Eindruck Weiß als ein Summations-, die letztere als ein Restphänomen.

211. a) Mit dem Fehlen der chromatischen Sehstoffe in der peripheren Zone der Retina; b) mit dem gänzlichen Mangel an chromatischen Sehsubstanzen.

212. Sie verlegt die neutralen Farbenempfindungen in die Stäbchen-, die bunten in die Zapfenelemente der Retina und unterscheidet das Stäbchen- oder Dunkelauge vom Zäpfchen- oder Hellauge; jenes arbeitet nicht mehr, wenn starke objektive Lichtintensitäten vorliegen.

213. Wie erklärt sich die Farbenblindheit nach der Duplizitätstheorie?

214. Welche anormale Erscheinung tritt bei den Stäbchensehern häufig auf?

---

2. Hörempfindungen.

215. Welche Hauptteile des Hörorgans sind zu unterscheiden?

216. Welcher Teil des letzteren wird für das Zustandekommen der Hörempfindung besonders in Anspruch genommen?
217. Welche Klassen von Gehörsempfindungen sind zu unterscheiden?
218. Welches sind die an einem Tone wahrnehmbaren Eigenschaften?
219. Wovon ist die Tonhöhe abhängig?
220. Was gilt von der Zahl der wahrnehmbaren Töne?

221. Welche von diesen kommen für die Musik in Betracht?
222. Wovon ist die Tonstärke abhängig?
223. Welche Beziehung besteht zwischen Tonstärke und Tonhöhe?

224. Wovon hängt die Klangfarbe (Timbre) eines Tones ab?

225. Was ist maßgebend für die Auffassung eines Akkords von Tönen?
226. Welche Erscheinung tritt ein, wenn diese Schwingungszahlen in einfachem Verhältnis zu einander stehen?
227. Wann entstehen sog. Schwebungen?

213. Aus der Unempfindlichkeit der Zapfen; die total Farbblinden sind Stäbchenseher. (Über das Dämmerungssehen vgl. Erismann, Psychol. III, de Gruyter, 1921, S. 15, S. G.)

214. Der sog. Nystagmus; er besteht in zitternden und rollenden Bewegungen des Augapfels. Der Farbblinde muß die allein sehtüchtige Randzone seiner Retina um das Objekt herumbewegen, um es überhaupt zu sehen.

---

2. Hörempfindungen.

215. Der lufterfüllte äußere Schallapparat und der mit Flüssigkeit erfüllte innere Hörapparat.

216. Die Basilarmembran mit den Cortischen Bögen, die begleitet wird vom Ganglion spirale.

217. Periodische und aperiodische oder Töne und Geräusche; in der Sprache treten beide als Vokale und Konsonanten auf.

218. Wir sprechen von Höhe, Stärke und Klangfarbe der Töne.

219. Von der Schwingungszahl.

220. Sie ist — wenigstens bei einem gesunden jungen Ohre — sehr beträchtlich; denn es nimmt alle Töne wahr, deren Schwingungszahl zwischen 20 und 40 000 liegt.

221. Die Töne mit einer Schwingungszahl zwischen 24 und 5000.

222. Von der Schwingungsintensität.

223. Jene nimmt mit dieser — wenigstens in der Region größter Empfindlichkeit, d. h. innerhalb der Reihe der musikalisch verwertbaren Töne — zu.

224. Von der Stärke der den einzelnen Ton begleitenden Teilschwingungen und von deren Anordnung.

225. Das Verhältnis ihrer Schwingungszahlen.

226. Die Verschmelzung, die darin besteht, daß die zusammenklingenden Töne nicht mehr voneinander gesondert werden können.

227. Wenn die Schwingungszahlen zweier zusammenklingender Töne nur um ein Geringes voneinander abweichen.

228. Was versteht man unter Kombinationstönen?

229. Welche Arten der Kombinationstöne sind zu unterscheiden?

230. Wie nennt man die aperiodischen Gehörsempfindungen?

231. Was gilt von der Größe der Unterschiedsschwelle bei der Empfindung von Tönen und Geräuschen?

232. Welches sind die bekanntesten Theorien über die Gehörsempfindungen?

233. In welcher Hinsicht sind die Helmholtzschen Theorien vom Sehen und Hören einander ähnlich?

234. Was besagt Helmholtz' Hörtheorie?

235. Welches ist das Wesen der Stumpfschen Hörtheorie?

236. Worauf führen Meyer und Ewald das Zustandekommen der Gehörsempfindung zurück?

---

3. Empfindungen des allgemeinen Hautsinnes.

237. Wodurch werden die sog. Hautempfindungen vermittelt?

238. Welche Arten oder Systeme der Hautempfindungen sind zu unterscheiden?

228. Es sind Beitöne, die beim Zusammenklang anderer Töne hörbar werden.

229. Differenz- und Summationstöne; der sog. erste Differenzton hat zur Schwingungszahl den Unterschied der Schwingungszahlen des höheren und des niederen Primärtones (h—t), der zweite 2 t—h, der erste Summationston h + t.

230. Geräusche.

231. Bei Tönen mittlerer Empfindungsstärke bewegt sie sich zwischen $^1/_5$ und $^1/_8$, und bei Geräuschen beträgt sie ungefähr $^1/_3$.

232. Diejenigen von Helmholtz, Stumpf und Meyer-Ewald.

233. Sie sind beide zu physikalisch-mathematisch und zu wenig psychologisch orientiert.

234. Sie erklärt das Zustandekommen der Hörempfindung durch die lokale Sonderung der Schallschwingungen und deren Einstellung auf die Fasern der Basilarmembran.

235. Stumpf verzichtet darauf, die Müllersche Lehre von den spezifischen Sinnesenergien zur Erklärung der Gehörsempfindung zu benutzen; er nimmt eine verschiedene „physiologische Gewöhnung" oder Anpassung der Basilarmembranfasern an den Rhythmus der objektiven Reize an.

236. Auf die verschiedenartigen Erregungen von Nervenfasern durch die Schwankungen des Gehörwassers.

---

3. Empfindungen des allgemeinen Hautsinnes.

237. Durch Papillen, die sich in den vier Schichten der Haut finden und die als Meißnersche oder Merkelsche Tastkörperchen, als Vatersche oder Pacinische Tastzellen oder als Krausesche Endkolben bezeichnet werden.

238. Zu der großen Zahl verschiedenartiger Eindrücke des „Hautsinnes" gehören die Empfindungen des Druckes, der Kälte, der Wärme, des Raumes, des Kitzels, des Brennens, Stechens u. s. f.

239. Von welchen drei Empfindungsgruppen ist durch Experimente die Sonderung in Systeme mit verschiedenen Leitungsbahnen wahrscheinlich gemacht worden?

240. Auf welche Stellen der Haut ist die Druckempfindung lokalisiert?

241. Welche mechanistische Deutung hat M. v. Frey für die Entstehung der Druckempfindung gegeben?

242. Womit werden die Schmerzpunkte der Haut festgestellt?

243. Was gilt von der Zahl der Schmerzpunkte?

244. Wie verhalten sich die Schwellenwerte der Schmerz- und der Druckempfindung zu einander?

245. Wie sind die Wärme- und Kältepunkte über die Haut verteilt?

246. In welchem Verhältnis sind die beiden Arten der Temperaturpunkte vorhanden?

247. Was versteht man unter einer paradoxen Kälteempfindung?

248. Bei welcher Temperatur liegt der sog. physiologische Nullpunkt?

249. In welcher Form hat Hering seine Assimilations- und Dissimilationstheorie auf die Temperaturempfindung angewendet?

---

4. Kinästhetische und Organempfindungen.

250. Welche Namen führen die sog. kinästhetischen Empfindungen noch?

251. Welche Forscher haben ein besonderes Organ für sie nachgewiesen?

239. Von den Druck-, Schmerz- und Temperaturempfindungen.

240. Die Druckpunkte der Haut liegen vorzugsweise an den Stellen, wo Haare aus der Haut treten, ferner finden sie sich dicht gesät an den Fingerspitzen (ca. 100 pro qcm) und in der Kopfhaut.

241. Er führt sie auf das Auspressen der Flüssigkeit aus dem Hautgewebe zurück, womit sich der Mangel einer Druckempfindung bei allseitiger Zusammenpressung (z. B. beim Eintauchen eines Gliedes in Quecksilber) ohne weiteres erklären lasse.

242. Mit Hilfe von feinen Pflanzenstacheln wird die mit Natronlauge gewaschene und dadurch der Epidermis beraubte Haut gereizt.

243. Sie ist bedeutend; besonders groß ist sie in der Hornhaut des Auges, sehr gering in der Wangenschleimhaut.

244. Die Schmerzschwelle liegt zwischen 20—50 g Belastung pro qmm und ist etwa das Tausendfache der Druckschwelle.

245. In Gruppen und perlschnurartig.

246. Auf zwei Wärmepunkte kommen (nach Sommer) 13 Kältepunkte pro qcm.

247. Die Tatsache, daß die Kältepunkte auch bei Berührung mit hocherwärmten Gegenständen mit Kälteempfindungen antworten.

248. Bei + 33° C; bei dieser Temperatur haben empfindliche Personen bereits Schmerzempfindungen statt der Wärmeeindrücke.

249. Er führt die Kälteempfindung auf Zersetzung, die Wärmeempfindung auf Wiederbildung der „Temperaturorgansubstanz" zurück.

---

4. Kinästhetische und Organempfindungen.

250. Sie heißen noch Empfindungen des Bewegungssinnes oder Spannungsempfindungen.

251. Sachs und Kölliker haben dargetan, daß die sensiblen Muskelnerven das Substrat der kinästhetischen Empfindungen sind.

252. Was kommt daneben noch für ihre Entstehung in Betracht?

253. Welches ist die Unterschiedsschwelle für Bewegungsempfindungen?

254. Durch welches Organ werden die Bewegungsempfindungen des Kopfes im besonderen vermittelt?

255. Für welches Organgewebesystem ist die Funktion des Labyrinths im Ohr von ausschlaggebender Bedeutung?

256. Welcher von den zwölf Kopfnerven versorgt die beiden Säckchen und die drei Ampullen?

257. Was ist unter Organempfindungen zu verstehen?

---

5. Geruchs- und Geschmacksempfindungen.

258. Wie werden die Sinnessysteme des Geruchs und Geschmacks für gewöhnlich bezeichnet?

259. Welche Stoffe riechen am stärksten?

260. Welche Arten der Gerüche werden seit Linné und Zwaardemaker unterschieden?

261. Wie heißt Zwaardemakers Geruchsmeßapparat?

262. In welchem Zusammenhang stehen Geruch und Geschmack miteinander?

252. Die Sensibilität der Gelenke, die in den zahlreichen Pacinischen Körperchen der Gelenkbeugestellen steckt; diese vermitteln hier die Lage-, Bewegungs-, Druck-, Zug- und Schwereempfindungen.

253. Etwa $^1/_2{}^0$.

254. Durch die Bogengänge und die Otolithen.

255. Für die Arbeit aller Körpermuskeln. Ewald hat nachgewiesen, daß sie atrophieren und daß der allgemeine Muskeltonus gestört wird, wenn das Labyrinth eine Verletzung erleidet.

256. Der Vorhof- oder Vestibularnerv, der nicht akustischen Zwecken, sondern den Gleichgewichts- und Drehungsempfindungen dient.

257. Es sind alle diejenigen Empfindungen und automatischen Bewegungen, die mit der Tätigkeit der Organsysteme der Ernährung, Atmung, Zirkulation, Sekretion, Exkretion usw. zusammenhängen. (Über das gewöhnliche Gleichgewicht der Organempfindungen vgl. Th. Ribot, Die Persönlichkeit (übs. v. Pabst), Berlin 1894, Georg Reimer, S. 32.)

---

5. Geruchs- und Geschmacksempfindungen.

258. Sie heißen „niedere" und nach der Art der Reizwirkung auch chemische Sinne.

259. Zusammengesetzte chemische Verbindungen, sofern sie ein beträchtliches Molekulargewicht haben und gasförmig sind; Verbindungen ähnlicher Zusammensetzung und Derivate aus homologen Reihen haben ähnliche Gerüche.

260. Brenzliche, widerliche, ätherische, aromatische, Moschus-, Blumen-Lauch-, Schweißgerüche und Gestänke.

261. Das Olfaktometer. (Über seinen Gebrauch vgl. Erismann, Psychol., III, a. a. O. S. 39, S. G.)

262. Auch der Geschmack hat eine chemische „Konstitution", und viele schmeckbare Substanzen können infolge von Diffusion von der Mundhöhle aus auch gerochen werden.

263. Welches sind die Schmeckorgane?
264. Welche Nerven versorgen sie?

265. Wie heißen die vier Systeme oder Qualitäten der Geschmacksempfindung?
266. Durch welche Reizstoffe werden diese Empfindungen hervorgerufen?
267. Was gilt von der Empfindlichkeit des Geschmacksorgans?

268. Was versteht man unter Synästhesien?

629. Nennen Sie eine bekannte Erscheinung dieser Art!

D. Psychologie der höheren Geistestätigkeiten und -vorgänge.

Die Anschauung.

270. Wie heißt die folgende Staffel psychischer Präsenz nächst den Empfindungen?

271. Welche beiden reinen Anschauungsformen hat Kant unterschieden?
272. Welche anderen Formen der Anschauung fügt Ebbinghaus noch hinzu?
273. Was besagt die aktivistische Interpretation der Anschauung?

Die Raumanschauung.

274. Wie viele Dimensionen der Raumanschauung werden durch bloße Sinneseindrücke vermittelt?

263. Die wall-, blatt- und pilzförmigen Geschmackspapillen.
264. Der Glossopharyngeus oder neunte Hirnnerv und ein nach dem vorderen Teile der Zunge verlaufender Ast des dreigeteilten Nerven.
265. Salzig, Bitter, Süß und Sauer.

266. Durch Salze, Alkaloide, Kohlehydrate und Säuren.
267. Sie ist groß; $^1/_{100}$ Prozent Salzsäure gibt dem Wasser noch Säuregeschmack, und $^3/_{10000}$ Prozent schwefelsaures Chinin in einer Lösung sind noch durch den Geschmack festzustellen.
268. Die Tatsache, daß durch Reizung eines Sinnesgebiets zugleich Empfindungen eines anderen Sinnes ausgelöst werden. (Vgl. hierzu A. Messer, Psychol., Stuttgart 1914, S. 132 ff.)
269. Das Farbenhören.

D. Psychologie der höheren Geistestätigkeiten und -vorgänge.

Die Anschauung.

270. Es ist die Anschauung, die nach sog. passivistischer Erklärung bereits als assoziative Verflechtung der allgemeinen Qualitäten der Empfindung zu gelten hat.
271. Raum und Zeit.

272. Veränderung und Mehrheit.

273. Sie betrachtet die Anschauungen als spontane Seelenäußerungen, die durch Empfindungen verursacht werden und deren allgemeine Eigenschaften aufweisen.

Die Raumanschauung.

724. Die beiden flächenhaften Ausdehnungen; die Tiefendimension wird nur durch Erfahrung gewonnen.

275. Welcher englische Philosoph hat zuerst darauf hingewiesen, daß die Winkelbeziehungen in dem Dreieck, das durch den Abstand beider Augen und die Sehstrahlen zum Gegenstande hin gebildet wird, ohne Belang sind für das Entfernungssehen?

276. Wie gelangt man nach Berkeley beim Sehen zum Eindruck der Tiefendimension?

277. Warum müssen dabei beide Augen verschieden eingestellt werden?

278. Welche anderen Erscheinungen hat Berkeley noch als Hilfsmittel bei der erfahrungsmäßigen Entfernungsschätzung in Anspruch genommen?

279. Als was deutet und bezeichnet Berkeley alle diese mit dem Tiefensehen verbundenen Wahrnehmungsinhalte?

280. Welche moderne Theorie über das Zustandekommen der Raumanschauung erinnert sehr an Berkeleys „Zeichen"[1])?

281. Was ist unter einem Lokalzeichen zu verstehen?

282. Inwiefern geht Wundts Verschmelzungstheorie über die eben erwähnte Lehre von Lotze hinaus?

283. Welchen Namen führt die Verschmelzung noch?

---

[1]) Über den Begriff des natürlichen Zeichens vgl. noch Ernst von Aster, Geschichte der neueren Erkenntnistheorie, de Gruyter, 1921, S. 398.

275. George Berkeley in seinem Buche „A new Theory of Vision“.

276. Er leitet deren Entstehung hauptsächlich aus den Konvergenz- und Divergenz-Tastempfindungen ab, die bei der Einstellung der Augen auf ein Objekt stattfinden. (Über die Raumauffassung des Gesichtssinnes vgl. auch Erismann, Psychol. III, de Gruyter, 1921, S. 64 ff., S. G.)

277. Damit wir überhaupt ein Bewußtsein von den optischen Winkelbeziehungen gewinnen.

278. Die Muskelempfindungen, die mit den Akkomodationsbewegungen der Linse verbunden sind, und die Verundeutlichung des gesehenen Gegenstandes, die mit dessen Annäherung ans Auge vom Punkte des deutlichsten Sehens her erfolgt. (Vgl. hierzu auch L. George, Lehrbuch der Psychologie, Georg Reimer, 1854, S. 247 ff.).

279. Als Zeichen für die Entfernung; die Ideen (Vorstellungen) des Gesichtssinnes nennt er Zeichen und Prognostika der Ideen des Tastsinnes, die „Sprache des Geistes“, in der er uns belehrt, „was für tastbare Ideen er uns einzuprägen in Begriff“ steht (s. Berkeley, Principles of Human Knowledge, Kap. 44).

280. Die aktivistisch abgeleitete Theorie der Lokalzeichen von Lotze.

281. Es ist die „subjektive Charakteristik“, die aus den Fixationsbewegungen der einzelnen Retinastellen resultiert, und die mit dem Farbeneindruck zugleich die Seele reizt.

282. Sie betont neben der Lotzeschen festen Assoziation zwischen Bewegungs-, Berührungs- und Farbenempfindung noch die sog. „Lokalfärbung“ des Reizes, die eine enge Verschmelzung jener bewirkt.

283. Sie heißt psychische Synthese, weil ihr die schöpferische Hervorbringung der Raumanschauung zugeschrieben wird.

284. Welches Urteil fällt Ebbinghaus über den Wert der beiden vorgenannten Raumanschauungstheorien?

285. Welche entwicklungsgeschichtliche Erklärung hat Th. Lipps für die Entstehung der Raumanschauung gegeben?

286. Wessen Ansicht kommt diese Erklärung nahe?

287. Was führt Kant als Argument an für die von ihm behauptete Apriorität der Raumvorstellungen?

288. Weshalb kann der eigentliche Tastsinn der Haut nur weit gröbere Stufen der Raumanschauung ergeben als die Netzhaut?

289. Welches ist dagegen die Größe, die dem durch das Einzelauge vermittelten Raumwerte entspricht?

290. In welcher Weise modifiziert das Doppelauge das Tiefensehen, um zum einfachen Sehen zu gelangen?

Die Zeitanschauung.

291. Wie kann man sich den zeitlichen Ablauf versinnlichen?

292. Welches sind die beiden wichtigsten Elemente unserer Zeitvorstellung?

293. Welche Theorien existieren bezüglich der Entstehung der Zeitanschauung?

284. Er hält sie beide für bloße Umschreibungen, nicht für Aufhellungen des psychischen Tatbestandes.

285. Er nimmt an, daß die Retina sowohl wie die Haut ihren Raumsinn phylogenetisch, also im Laufe der Stammesentwickelung erworben haben, und zwar durch immer wieder in der gleichen Weise wiederholte Lokalisationen; diese hätten schließlich zur Herausbildung fester Gewohnheitsassoziationen geführt, die dann der Anlage nach vererbt wurden.

286. E. H. Webers Auffassung vom Raumsinn als einem Generalsinn.

287. Die Apodiktizität der geometrischen Axiome, von denen wir ein absolutes Bewußtsein ihrer Notwendigkeit haben. (Vgl. E. v. Cyon, Gott und Wissenschaft, II. Bd. Neue Grundlagen einer wiss. Psychol., Leipzig (Veit & Co.), 1912, S. 57.)

288. Weil die Tastpunkte der Haut an vielen Körperstellen sehr weit voneinander entfernt sind. Die Weberschen Empfindungskreise haben dort einen großen Radius.

289. Sie beläuft sich auf nur 30—50 Bogensekunden.

290. Es verschiebt ferne und nahe Gegenstände so, daß sie in den Horopter fallen, d. i. derjenige Raum, dessen Punkte korrespondierend, also einfach, gesehen werden.

Die Zeitanschauung.

291. Durch Übersetzung in den Raum als „Zeitlinie". Dann ist die Zeit ein eindimensionales Kontinuum ohne Grenzen; die Zeitlinie geht durch den sich ständig verschiebenden Nullpunkt, den wir als Gegenwart bezeichnen.

292. Es sind die Tätigkeiten der im Labyrinth des Ohrs enthaltenen Sinnesorgane für Richtung und Zahl (s. v. Cyon, ebenda, S. 81).

293. Die Lehre von den Temporalzeichen (von Lipps) und die Münstersbergsche Temporal-Verschmelzungs-Theorie.

294. Inwiefern erinnert die erstere an Lotzes Lokalzeichentheorie?

295. Worin geht Münsterbergs Hypothese über die Theorie von Lipps hinaus?

296. Weshalb ist die herbe Kritik berechtigt, die Ebbinghaus an all den genannten Theorien übt?

---

297. Wie nennen wir das zeitliche Nacheinander gleicher Eindrücke an gesonderten Stellen des Raumes?

298. Welchen anderen psychischen Empfindungsbesonderheiten ist die Veränderung hinsichtlich ihrer Eigenart zu vergleichen?

299. In welcher Beziehung nur kann man von Gleichheit als von einem letzten psychischen Elementareindruck reden?

300. Welche anderen psychisch „letzten anschaulichen Eigentümlichkeiten" sind nach Ebbinghaus außerdem noch zu unterscheiden?

301. Wie ist der Eindruck einer Einheit zu erklären?

302. Wie nennt man die Empfindung von Einheit in Vielheit?

303. Wodurch entsteht der Eindruck der Vielheit?

304. Welche anderen Definitionen der Zahl sind gebräuchlich?

294. Sie betrachtet die Zeitanschauung als bewußte psychische Reaktion auf die Qualitätsverschiedenheiten der Erinnerungen, die sich jedesmal einfügen, wenn ein Eindruck von außen erfolgt.

295. Sie schaltet zwischen die Erinnerungsbilder noch Muskelkontraktions- und Spannungsempfindungen aller Art ein, die bei der Umsetzung jener in das Zeitbewußtsein eine Rolle spielen sollen.

296. Die Theorien sind nicht geeignet, die psychischen Zustände aufzuhellen, die zur Raum- und Zeitanschauung führen. (Über die ursprüngliche Grundlage der Raum- und Zeitanschauung vgl. noch H. K. Schjelderup, Psychol., de Gruyter 1928, S. 43 f.)

---

297. Es ist die Bewegung; sie ist von der Veränderung zu unterscheiden.

298. Den sog. Gleichheits- oder Ähnlichkeits- und Unterschieds- oder Verschiedenheitseindrücken, insofern als es sich bei allen dreien um nicht weiter ableitbare komplexe Erscheinungen handelt, die zutage treten, wenn mehrere Empfindungen apperzeptiv vereinigt werden.

299. Nur subjektiv existiert die Gleichheit als ein solcher, erkenntnistheoretisch nicht.

300. Einheit und Vielheit (Zahl).

301. Als ursprüngliche, assoziative, auf räumliche Anordnung sich richtende psychische Fähigkeit.

302. Sie wird als Rhythmus bezeichnet.

303. Der Logiker Jevons sagt, Vielheit werde empfunden, wenn entweder räumlich oder zeitlich oder qualitativ der Eindruck der Verschiedenheit entstehe.

304. Kant bezeichnet die Zahl (Zeitreihe) als Schema der Quantität, als eine Vorstellung der sukzessiven Addition, die, sogleich gehemmt, die Einheit, weiter fortgesetzt, die Vielheit, ohne alle Grenzen fortgeführt, die Allheit ergebe. — Helmholtz und Hamilton leiten die Zahl aus dem Gliedern der Zeitfolge ab,

305. Welche gesetzmäßige Beziehung besteht zwischen den äußeren Reizen und den durch sie hervorgerufenen Empfindungen?

306. Welchen Namen führt dieses Gesetz?

307. Was gilt vom Geltungsbereich des Weberschen Gesetzes?

308. In welche allgemeinere Form ist daher dieses psychophysische Gesetz zu fassen?

309. Welche physiologische Ausdeutung hat man dem Weberschen Gesetz gegeben?

Die Vorstellung.

310. Was ist über das Wesen der Vorstellung zu sagen?

311. In welcher Bedeutung erscheint der Ausdruck Vorstellung bei Wolff und Kant?

312. Wie haben David Hume und Lotze die Vorstellung charakterisiert?

313. Wie unterscheidet sich hiernach die Vorstellung von der Empfindung?

Ebbinghaus bezeichnet sie als den Zusammenschluß des Verschiedenen zur Einheit.

---

305. Die Empfindung wächst mit dem Logarithmus des Reizes [$E = k . \log R$]. (Vgl. hierzu Lipps, Grundriß der Psychophysik, de Gruyter 1921, 3. Aufl., S. 89 f., S. G.)

306. Es ist von Fechner als Webersches Gesetz bezeichnet worden zu Ehren des um die Anfänge einer wissenschaftlichen Psychologie hochverdienten Physikers Weber.

307. Er ist auf die Gegend mittlerer Reizintensitäten beschränkt, und auch da gelten nur Annäherungswerte.

308. Für eine fortschreitende gleichstufige Empfindungsreihe wachsen die entsprechenden Reize ungefähr in geometrischer Progression.

309. Die durch den Logarithmus angezeigte Verringerung der Stärke objektiver Reizwirkungen in den Empfindungen wird als eine wesentliche Schutzeinrichtung aufgefaßt, die den empfindlichen nervösen Organismus vor Schädigungen durch zu starke und zu häufige Inanspruchnahme bewahrt, denn ohne die „Schwelle" hätten wir andauernd die Aufgabe, Empfindungen zu regulieren. (Zur Deutung des Weberschen Gesetzes vgl. noch A. Buchenau, Abriß der Psychologie, 2. Aufl., de Gruyter, 1918, S. 51 ff.).

Die Vorstellung.

310. Sie ist eine psychische Synthese aus Elementen früher gegenwärtig gewesener Empfindungskomplexe.

311. Sie bezeichnen dreierlei als Vorstellung: die Empfindung, die Vorstellung selbst und die Verbindung beider, die Wahrnehmung.

312. Hume nennt sie eine abgeblaßte Empfindung, und Lotze bezeichnet sie als unsinnliches Symbol der sinnlichen Empfindung; jener behauptet zu viel von ihnen, dieser zu wenig.

313. Jene ist nur ein Abbild dieser; sie entbehrt zahlreiche (sinnliche) Bestimmungen der Empfindung.

314. Wie unterscheidet B. Erdmann die Erinnerungen, die Einbildungs- und abstrakten Vorstellungsinhalte von den Wahrnehmungen?

315. Welche Arten von Vorstellungen sind zu nennen hinsichtlich der Menge der an ihnen haftenden Merkmale?

316. In welche Klassen teilt Wundt die Vorstellungen ein?

317. Welche Vorstellungen z. B. stellt er zur ersten dieser beiden Kategorien?

318. Welches ist nach Wundt das besondere Charakteristikum der extensiven Verbindungen, und welche Vorstellungen zählt er dazu?

319. Was sind Vorstellungen höherer Ordnung?

320. Worin sind die Traumbilder (Schlafbilder, Phantasmen) von den echten Vorstellungen unterschieden?

321. Wie erklärt Ebbinghaus ihre trotzdem vorhandene, verhältnismäßig große sinnliche Treue?

322. Welche Art der Vorstellungen entbehrt ebenfalls der sinnlichen Unterlage?

323. Wie unterscheiden sich Illusionen von Halluzinationen?

314. Die ersteren nennt er psycholog. Repräsente, die Wahrnehmungen aber Präsente (B. Erdmann, Grundzüge der Reprod.-Psychol., a. a. O., S. 5.)

315. Nach dem Grade ihrer (sinnlichen) Deutlichkeit unterscheidet man abstrakte und konkrete Vorstellungen, doch ist der Unterschied beider durchaus fließend (relativ).

316. Er spricht von extensiven und intensiven (nämlich zeitlichen und räumlichen) Mannigfaltigkeiten.

317. Alle sog. Verschmelzungen, bei denen die Einzelelemente zugunsten der Bildung einer Vorstellungseinheit zurückgedrängt werden; dahin gehören z. B. von akustischen Vorstellungen Akkord und Geräusch.

318. Die feste Zuordnung ihrer Teile zu einander; in diese Gruppe gehören die dreidimensionalen, konstanten Raumeindrücke und die eindimensionalen, fließenden (rhythmischen oder arhythmischen) Zeitvorstellungen.

319. John Stuart Mill bezeichnet als solche Vorstellungen von Vorstellungen (Beispiel: die Vorstellung von Helmholtz' Dreifarbentheorie, die selbst schon eine Vorstellung ist.)

320. Sie haben keinen sinnlichen oder Empfindungshintergrund.

321. Er führt sie auf die Unmöglichkeit der sofortigen Vergleichung mit solchen Vorstellungen zurück, die diese Empfindungsgrundlage haben.

322. Die Halluzination, bei der indes gewöhnlich eine reguläre Ideenverbindung vorliegt. (Vgl. hierzu Th. Ribot, Die Erblichkeit, übs. v. O. Hotzen, 1876, Leipzig, Veit & Co., S. 145 ff.) und E. Mattiesen, Der jenseitige Mensch, de Gruyter 1925, S. 526.)

323. Als Illusion bezeichnet man eine Vorstellung, die auf irrtümliche Beurteilung eines sinnlichen Eindrucks und auf falsches Inbeziehungsetzen desselben zu früheren ähnlichen Eindrücken zurückzuführen ist. (Über das Zustandekommen von Halluzinationen und Illusionen und ihren Unterschied vgl. A. Adler, Menschenkenntnis, 2. Aufl., Hirzel, Leipzig, 1928, S. 40!)

324. Welche verschiedene Typen von Menschen gibt es bezüglich der von ihnen bevorzugten Art der Vorstellungsbildung?

325. Wofür ist die eigentümliche Art solcher Veranlagung von bestimmender Bedeutung?

---

326. Wie heißen die seelischen Ursachen der Vorstellungen?

327. Wie hat Ebbinghaus im Gegensatz zu dieser Theorie jenen mannigfaltigen Zusammenhang zwischen Empfindung und Vorstellung zu erklären gesucht?

328. Worin sieht also Ebbinghaus schließlich die gesamte materielle Vorstellungsgrundlage?

329. Was versteht man unter Phobien?

330. Wodurch entstehen Zwangsvorstellungen?

331. Was ist Intelligenz?

Das Gefühl.

332. Wie lassen sich die emotionellen Bewußtseinsinhalte charakterisieren?

324. Einige Personen bilden ihre abgeleiteten Vorstellungen vorwiegend auf Grund akustischer, andere auf Grund optischer Wortwahrnehmungen, noch andre leiten sie aus motosensorischen, manche schließlich aus graphischen Wortpräsenten ab.

325. Für das Talent.

---

326. Es sind die Empfindungen, von denen sie trotz allen Zusammenhanges so durchaus verschieden sind, daß eine psychologisch-physiologische Theorie Empfindungs- und Vorstellungszellen im Gehirn sondert.

327. Er vertritt hierin die Lehre von der psychischen Selektion, nach der die peripherischen Erregungen auf ein ganzes Feld der Großhirnrinde eingestrahlt und von dort gewissermaßen ausgewählt und auf neue Zellgruppen übergeführt werden, die sich gewöhnen, auf spätere Einwirkungen von derselben räumlich-zeitlichen Orientierung immer wieder in gleicher Weise zu antworten.

328. In Komplexen jener Zellgruppen, die er in sensorische und transsensorische Rindenfelder einteilt; bei (peripherischer) Reizung jener entsteht die Empfindung, bei (zentraler) Reizung dieser die Vorstellung. — Sind beide Felder gleichzeitig erregt, so ist der Tatbestand für eine lebendige (konkrete) Vorstellung gegeben; fehlt die sensorische Reizung, so kommt es nur zu einer abgeblaßten Vorstellung.

329. Phobien sind Zwangsvorstellungen.

330. Psychische Inhalte werden durch Affektladungen fremder Art zu Zwangsvorstellungen. (Vgl. Kranefeldt, a. a. O., S. 33, S. G.)

331. Die allgem. Fähigkeit zur bewußten Denkeinstellung auf neue Forderungen.

Das Gefühl.

332. Sie bilden zusammen das reaktive Zustandsbewußtsein (vgl. Benno Erdmann, Grundzüge der Reproduktions-Psychol., de Gruyter 1920, S. 4).

333. Weshalb ist es im Grunde nicht zu rechtfertigen, daß Wundt die Empfindungen und Gefühle als psychische Elemente von den Vorstellungen, Affekten, Willensakten usw. als psychischen Gebilden sondert?

334. Woraus geht hervor, daß das Gefühl etwas psychisch Ursprüngliches ist und nicht erst — wie Herbart meinte — von Vorstellungen hervorgerufen wird?

335. Wovon ist jede Empfindungsänderung begleitet?

336. Wie läßt sich die Gegensätzlichkeit der Gefühle versinnlichen?

337. Wo können sich beide Gefühlsarten aufheben?

338. Bei welchen Empfindungssystemen ist diese relativ groß?

339. Worin besteht die Inversion des Lustgefühls?

340. Warum wird die Sprache der großen qualitativen Mannigfaltigkeit der Gefühle nicht gerecht?

341. Wie kommt es, daß die Anzahl der möglichen Gefühle die der Empfindungen übersteigt?

342. Welche Verschiedenheit ist hinsichtlich der Konstatierungsmethoden der Empfindungen und Gefühle zu bemerken?

333. Weil auch jene sog. Elemente schon komplexe seelische Erscheinungen sind.

334. Der Gefühlston z. B., der irgendeine für ein Individuum vollkommen neue Geschmacks- oder Gesichtsempfindung begleitet, kann nicht aus Vorstellungen stammen, weil in diesem Falle noch keine gebildet werden konnten.

335. Von zwei Änderungen des zugehörigen Gefühlstones, einer Stärke- und einer qualitativen Änderung.

336. Sie können als ein eindimensionales Kontinuum dargestellt werden, dessen einen Zweig die Unlust-, dessen anderen die Lustgefühle bilden.

337. In einer Indifferenzzone, wenn sie dort gleichzeitig und gleich stark auftreten.

338. Bei denen des sog. allgemeinen Sinnes, die jedes für sich als Punkt geometrisch dargestellt werden können.

339. Es kann nur bis zu einem bestimmten Maximum steigen; dann schlägt es ungeachtet größter Empfindungsintensität in Unlust um (Zugluft, Übersättigung usw.)

340. Sie hat nur wenige Ausdrücke zur Bezeichnung von Gefühlen; meist werden nur allgemeine Gefühlsklassen, wie Lust—Unlust, Spannung—Lösung, Erregung—Beruhigung sprachlich unterschieden.

341. Die einzelnen Empfindungsstellen mehrdimensionaler Empfindungssysteme können mehreren Gefühlsreihen zugeordnet sein.

342. Zur Feststellung der Empfindungsanlässe sind nur sog. Eindrucksmethoden brauchbar, da nur durch solche die als Empfindung auftretenden Veränderungen, die aus physiologischen Vorgängen resultieren, erfaßt werden können; zur Feststellung der Gefühlsursachen dienen dagegen die Reaktionen solcher Veränderungen; darum kommen hier nur Ausdrucksmethoden in Frage.

343. Welche Wirkungen physiologischer Prozesse kommen dabei in Betracht?

344. In welcher Beziehung stehen Stärke und Geschwindigkeit des Pulsschlages zu den verschiedenen Gefühlsarten?

---

345. Was ist über die materielle Grundlage der Gefühle zu bemerken?

346. Worin sieht der Psychiater Meynert die materiellen Ursachen des Gefühls?

347. Welche Erklärung gibt Ziehen über diesen Gegenstand?

348. Welche andre Art der Interpretation über Ursachen und Charakter der Gefühle ist neben den erwähnten physiologischen Erklärungen noch üblich?

349. Wie haben hiernach Aristoteles und Spinoza den Unterschied zwischen Lust- und Unlustgefühlen aufgefaßt?

350. Bei welchen Philosophen findet sich eine utilitaristische Deutung der Gefühle?

343. Die sog. vasomotorischen Innervationen, die die Zusammenziehung und Ausdehnung der Blutgefäße bewirken, die Herz-, Atmungs- und Skelettmuskelbewegungen usw.

344. Er ist intensiv, aber langsam bei Lustgefühlen, stark und beschleunigt bei Lösungsgefühlen; der Puls geht schwach, doch beschleunigt bei Unlustgefühlen, schwach und verlangsamt bei Spannungsgefühlen.

---

345. Von einigen wird das Lustgefühl als Gleichgewicht zwischen Zufuhr und Verbrauch an Nährstoffen in einem Organ bezeichnet, das Unlustgefühl als Mißverhältnis zwischen beiden.

346. Starke Reize veranlassen nach Meynert Gefäßverengung, also Anämie und damit mangelnde Ernährung der Hirnrinde, die sich als Unlust äußert; Hyperämie erzeugt Lustgefühle.

347. Wegen der Tatsache, daß Lustgefühle den Vorstellungsverlauf fördern, charakterisiert er diese als Fähigkeit, Erregungen weiterzugeben; die Verminderung der Entladbarkeit erscheint als Unlust.

348. Die teleologische.

349. Bei Aristoteles ist Lust nichts weiter als die Vollendung der normalen Betätigung, Unlust entspringt der Unvollkommenheit des Tuns. Bei Spinoza wird die Lust ganz ähnlich als Übergang von den geringeren Stufen der Vollkommenheit zu höheren, die Unlust als solcher von den höheren zu den geringeren bezeichnet.

350. Bei Kant und Spencer. Kant nennt Lustgefühle die, die das Leben fördern, Unlustgefühle die, die es hemmen, und Spencer bezeichnet jene direkt als Korrelate der für den Organismus förderlichen, diese als solche der für ihn schädlichen Prozesse. (Über das Psychologische etwa in Kants Kritik der r. V. vgl. O. Schneider, Die psychol. Entwick. des Apriori, Bonn 1883 Weber (de Gruyter 1927) S. 15 ff.)

351. Wer hat die physiologische Erklärung der Gefühle mit der teleologischen verknüpft?

---

352. Wie könnte man die Gefühle nach ihren psychischen Ursachen einteilen?

353. In welcher Reihenfolge sind die Gefühle aufzuführen hinsichtlich ihrer Bedeutung für den Gesamtorganismus?

---

354. Was versteht man unter Gefühlsverbindungen?

355. Wie verhalten sich diese zu den Gemütsbewegungen?

356. Welches sind die auffälligsten Gefühlsverbindungen?

357. Wodurch sind diese Totalgefühle besonders ausgezeichnet?

358. Wie entstehen die Affekte?

359. Welches sind die wichtigsten Affekte?

360. Woraus setzt sich ein vollständiger Affekt zusammen?

351. Lotze, indem er als Lust die **Übereinstimmung**, als Unlust die **Nichtübereinstimmung** zwischen den Reizwirkungen und den „**Bedingungen der gesetzmäßigen körperlichen und geistigen Lebenstätigkeit**" bezeichnet.

---

352. In **Inhaltsgefühle**, die material bedingt sind, und **Beziehungsgefühle**, die formalen Bedingungen unterliegen.

353. Voran stehen Ernährungs- und Sexualgefühle, dann folgen Atmungs- und Zirkulationsgefühle, endlich Gefühle, die mit den Empfindungen des allgemeinen Hautsinnes zusammengehen, und **zuletzt** erst die mit den sog. niederen Sinnen (Geschmack und Geruch) und den höheren Sinnen (Gehör, Gesicht) verknüpften Gefühle.

---

354. Wundt hat die **zusammengesetzten** Gefühle oder **Gefühlskomplexe** so bezeichnet.

355. Sie bilden den **Übergang** zu ihnen, wenn sie durch längere Dauer zu **Stimmungen** werden.

356. Die **Gemeingefühle**, die an innere und äußere Tastempfindungen gebunden und als Komplexe des sinnlichen Wohl- und Übelbefindens aufzufassen sind, die in ihrem Nacheinander zu **Kontrastgefühlen** führen; ferner **moralische, logische ästhetische** Gefühle u. a. m.

357. Durch ihr **singuläres Auftreten**, was mit dem „Prinzip der Einheit der Gefühlslage" zusammenhängt.

358. Affekte entstehen aus Gefühlsverbindungen, die eine große **Intensität** gewinnen.

359. Wut, Zorn, Traurigkeit, Besorgnis, Hoffnung, Freude, Entzücken.

360. Aus dem **Anfangsgefühl** als Resultat eines den Affekt verursachenden apperzeptiven oder assoziativen psychischen Prozesses, dem **Vorstellungsablauf** (einem raschen bei den eben zuerstgenannten Affekten, einem langsamen bei den zuletztgenannten) und dem **Endgefühl**.

361. Welche Verschiedenheit besteht zwischen den Affekten hinsichtlich ihrer physischen Begleitumstände?

362. Welchen Namen führen die intermittierenden Affekte?

---

363. Welcher Philosoph hat den Affekten eine gründliche Betrachtung gewidmet?

364. Wie hat Kant die Affekte erklärt?

365. Welcher moderne Autor hat die Verschiedenheit in Auftreten und Ausbildung der Affekte bei beiden Geschlechtern zur Grundlage charakterologischer Untersuchungen gemacht?

366. Worin stimmen die Affektdeutungen der meisten neueren Psychologen überein?

Der Wille.

367. Welche Ansicht über die Willensvorgänge vertrat die alte Vermögenspsychologie?

368. Welcher Seite der Willensakte wurde diese Ansicht nicht gerecht?

369. Welche Anschauung über den Willen stellt den Gegenpol zur vermögenspsychologischen dar?

370. Welcher Philosoph hat den Willen als das „Ding an sich" charakterisiert?

371. Wohin rechnet Wundt die Willensprozesse?

372. Wie erklärt er sie?

373. Welche Ansicht von den Willensvorgängen entwickelt Ebbinghaus?

361. Die sthenischen oder Steigerungsaffekte zeigen eine sich verstärkende Erregung, die die Innervation fördert (intensiver Pulsschlag, der aber durch die stark innervierten Hemmungsnerven des Herzens verlangsamt wird); die asthenischen oder Lähmungsaffekte lassen den allgemeinen Muskeltonus erschlaffen.

362. Sie heißen Paroxysmen.

---

363. Spinoza; er hat sie intellektualistisch behandelt.

364. Er nennt sie gewohnheitsmäßig ausgebildete Gefühle und betont ihre Bedeutung für die Bildung des Charakters.

365. Otto Weininger in seinem Buche „Geschlecht und Charakter".

366. Darin, daß sie von der Physiologie ausgehen.

Der Wille.

367. Sie nahm eine metaphysische Wahlfähigkeit der Seele an.

368. Der phänomenologischen [Spannungsempfindungen, Gegenstandsmomente (Zielvorstellung)] vgl. etwa Ach, Über den Willensakt und das Temperament, Quelle & Meyer, 1910, S. 237 ff.).

369. Die rein physiologische; sie verzichtet auf die Erklärung der Kausalität des Willens, da sie die Existenz geistiger Prozesse neben den physiologischen überhaupt verneint.

370. Schopenhauer.

371. Er zählt sie wie die zusammengesetzten Gefühle und Affekte zu den psychischen Gebilden.

372. Als durch Affekte vorbereitete Änderungen der Vorstellungs- und Gefühlslage.

373. Er hält sie für „Grundformen", in denen sich Gefühle, Empfindungen und Vorstellungen als dem realen Leben angehörig manifestieren.

374. Wie nennt man die stark gefühlsbetonten Vorstellungen, die einem Willensakt vorangehen?

375. Welches ist der eigentliche Unterschied zwischen einem Willensvorgang und einem Affekt?

376. Welche Arten der Willensprozesse sind hinsichtlich der Zahl der vorhandenen Motive zu nennen?

377. Wie unterscheiden sie sich voneinander?

378. Wie definiert Ebbinghaus mit bezug hierauf den Willen?

379. Welches ist der Effekt des sich normal abwickelnden Willensprozesses?

380. Läßt sich Entschlußfähigkeit erziehen?

381. Wie ist es zu erklären, daß Wahl- oder Willkürhandlungen bei häufiger Wiederholung triebartig aus-, also gewissermaßen zurückgebildet werden?

382. Zu welcher Art von Bewegungen kommt es hierdurch?

383. Wie verhalten sich diese zu den Reflexen?

384. Welche Eigenschaft der Reflexe wird dadurch ohne weiteres ausreichend erklärt?

385. Können umgekehrt Reflexe zu Willkür- und Wahlhandlungen weitergebildet werden?

374. Es sind die Willensmotive. In einem Motiv wird die Vorstellung als Beweggrund und das Gefühlsmoment als Triebfeder bezeichnet.

375. An jenen schließt sich eine Handlung an, die den Affekt aufhebt, der in dem Willensprozeß lag.

376. Die Triebhandlung, die Willkür- und die Wahlhandlung.

377. Der Trieb enthält nur ein Motiv und eine Tätigkeitsempfindung; die Willkürhandlung enthält mehrere Motive; tritt eins von diesen schließlich besonders hervor, so entsteht die Wahlhandlung. Diese ist der höchste Willensvorgang; sie enthält 3 Elemente: das Lust- und Unlustgefühl, die Tätigkeitsempfindung oder -vorstellung und die Antezipation des Endgliedes des Willensaktes.

378. Er nennt ihn den vorausschauend gewordenen Trieb.

379. Die innere Willenshandlung oder der Entschluß, der bei der Trieb- und Willkürhandlung fehlt..

380. Jawohl. Nach Meumann ist Wollen eine erlernbare Kunst; das Wollen der Menschen ist ein sozusagen rohes und unkultiviertes Wollen, bei dem die Chancen des Willens gar nicht recht ausgenutzt werden" (E. Meumann, Intelligenz und Wille, Quelle & Meyer, 1925, 4. Aufl., S. 273).

381. Durch Übung wird bei entwickelten Willenshandlungen ein Ausfall, oder genauer, ein Zurücktreten der Zwischenglieder zwischen Reiz und Handlung bewirkt.

382. Zu automatischen Handlungen.

383. Der Reflex stellt dann die nächste Stufe der Mechanisierung nach den automatischen Bewegungen dar.

384. Ihre Zweckmäßigkeit.

385. Nein; doch können automatisierte Bewegungen vererbt werden. (Über freies und determiniertes Handeln vgl. H. Ebbinghaus, Abriß der Psychol., 9. Aufl. de Gruyter 1932, S. 261 ff.)

---

386. Wie kann man Willensprozesse experimentell untersuchen?

387. Welcher Art kann die dabei erreichte Reaktion sein?

388. Welche andre Reaktion ist neben dieser sensoriellen noch möglich?

389. Inwiefern gewährt die muskuläre Reaktion die Möglichkeit, die Entstehung von Reflexbewegungen durch Mechanisierung aus entwickelten Willensvorgängen nachzuprüfen?

390. Welche mechanischen Hilfsmittel werden bei Experimenten über Willensvorgänge angewendet?

391. Welcher Disziplinen bedarf die experimentelle Psychologie zur richtigen Problemstellung und fruchtbaren Hypothesenbildung?

Von der allgemeinen Gesetzmäßigkeit psychischer Prozesse.

A. Gleichzeitiges Vorkommen psychischer Erscheinungen.

392. Wie nennt man seit Descartes den Zusammenhang des psychischen Lebens?

393. Zwischen welchen verschiedenen Deutlichkeitsgraden bewegt sich das Bewußtsein?

394. Worin hat das Bewußtsein seine physiologische Entsprechung?

395. Welche Fähigkeit der Großhirnrinde ist hier von allergrößter Bedeutung?

386. Durch Reaktionsversuche, die darin bestehen, daß man einen Willensprozeß durch Sinnesreiz einleitet, die sich an ihn anschließenden seelischen Vorgänge als Motive verwendet und die schließlich erreichte Bewegungsreaktion mißt.

387. Sie ist vollständig, sobald der Sinnesreiz, der das Motiv schafft, mittels der Erwartung (Aufmerksamkeit) ganz erfaßt wird.

388. Die verkürzte oder muskuläre, bei der diese Erfassung ausfällt und sofortige Bewegungsreaktion eintritt.

389. Es ist möglich, in einer Reihe von Versuchen das sog. Entscheidungsgefühl nach und nach immer mehr auszuschalten.

390. Man mißt die Reaktionszeiten mittels der elektrischen Uhr, die noch Differenzen von Tausendstel Sekunden anzeigt. Daneben erreicht man noch eine graphische Fixierung der Prozesse durch Verwendung einer Stimmgabel, deren Schwingungen sich auf einen rotierenden Zylinder übertragen, unter dem zwei elektomotorisch bewegte Hebel im Augenblick der Reizwirkung und in dem der Reaktionsbewegung eingestellt werden.

391. Der vergleichenden Psychologie, der Tier-, Völker- und Kinderpsychologie (vgl. K. Koffka, Die Grundlagen der psychischen Entwickelung. Zickfeldt 1921, S. 2).

Von der allgemeinen Gesetzmäßigkeit psychischer Prozesse.

A. Gleichzeitiges Vorkommen psychischer Erscheinungen.

392. Bewußtsein (cogitatio) [s. Kommentar zu D's. Meditationen von Artur Buchenau!]

393. Zwischen Bewußtlosigkeit und Aufmerksamkeit.

394. In der jeweilig durch nervöse Ausstrahlungen von dem durch Reize affizierten Punkte aus ergriffenen Sphäre der Großhirnrinde.

395. Die des vikariierenden Einsatzes benachbarter Rindenteile für verletzte Rindenstücke [durch systematische Beschäf-

396. Was versteht man unter der Enge des Bewußtseins?

397. Wie wird der Selektionsprozeß, der im Herausheben von Bewußtseinsinhalten mit starker Gefühlsbetonung besteht, genannt?

398. Inwiefern bedingt Störung der Aufmerksamkeit gewöhnlich Minderung der Leistung?

399. Wozu gehören nach Wundt die Bewußtseinsinhalte, die die Aufmerksamkeit gewissermaßen bestrahlt?

400. Wie nennt er dagegen die Totalität der bewußten Vorstellungen?

401. Wie viele einfachste Vorstellungen oder Eindrücke etwa können gleichzeitig in den Blickpunkt des Bewußtseins treten?

402. In welche Kategorie geistiger Prozesse ist die Aufmerksamkeit einzuordnen?

403. Welches sind die notwendigen Voraussetzungen der Aufmerksamkeit?

404. Welchen Einfluß hat die Aufmerksamkeit auf die Empfindung?

tigung des dem zerstörten Sprachzentrum benachbarten Bewegungszentrums der linken Hand z. B. hat man bei hirnverletzten Kriegsinvaliden die Sprechfähigkeit teilweise wiederhergestellt.

396. Die Enge des Bewußtseins oder die psychische Hemmung besteht im Deutlichwerden einiger Bewußtseinsinhalte, die sich auf einem diffusen Hintergrund von anderen abheben, die mit ihnen verbunden sind.

397. Aufmerksamkeit[1]); der diffuse Gesamteindruck des auch präsenten Bewußtseinshintergrundes wird als Unaufmerksamkeit bezeichnet. (Über die vielfach strittige Begriffsbestimmung der Aufmerksamkeit vgl. A. Messer, Psychologie, Dtsche. Verlagsanstalt, Stuttgart 1914, S. 254.)

398. Insofern als die Seele durch nicht zur Arbeit gehörende Reize anders beansprucht wird (vgl. Erismann-Moers, Psychol. der Berufsarbeit, Bd. 1, S. 34, a. a. O., S. G.).

399. Sie machen den „Blickpunkt des Bewußtseins" aus.

400. Das „Blickfeld des Bewußtseins". (Vgl. hierüber und über Leistungen des Bewußtseinsrandes Emil Mattiesen, Der jenseitige Mensch, de Gruyter 1925, S. 45.)

401. Nur eine sehr beschränkte Anzahl (5—10); dagegen ist diejenige der gleichzeitig zum Blickfelde des Bewußtseins gehörenden Vorstellungen mit 12—40 verhältnismäßig groß zu nennen.

402. In die der einfachen inneren Willensvorgänge.

403. Intensität und Gefühlsbetonung eines Eindrucks kommen neben der häufigen Wiederholung und der Existenz ähnlicher Vorstellungen als Bedingungen der Aufmerksamkeit in Betracht.

404. Sie verstärkt und beschleunigt sie; auf der letzteren Tatsache beruht die sog. negative Zeitverschiebung, auch persönliche Gleichung genannt, vermöge deren die Reaktionszeiten sich verkürzen, wenn psychologische Experimente dieser Art durch ein Signal eingeleitet werden.

---

[1]) Über die elementaren Bestandteile des Aufmerksamkeitszustandes vgl. Erismann, Psychol. II, de Gruyter 1921, S. 32 ff., S. G.!

405. Auf wessen Kosten geschieht jede Erweiterung oder Teilung der Aufmerksamkeit?

406. Wodurch kann die Sammlung oder Konzentration gestört werden?

407. Welche Arten der Aufmerksamkeit sind zu unterscheiden?

408. Welchen Inhalt hat jede von beiden?

409. Wie erklärt Wundt den Unterschied zwischen willkürlicher und unwillkürlicher Aufmerksamkeit?

410. Wie heißt der Vorgang, bei dem Vorstellungen durch Aufmerksamkeit beleuchtet werden?

411. Wie viele Arten derselben pflegt man zu unterscheiden gemäß den Arten der Aufmerksamkeit?

412. Weshalb besteht diese Bezeichnung aber trotzdem zu Recht?

413. Was gilt von der Möglichkeit der symbolischen Veranschaulichung der Apperzeption?

414. Wie nennt man den mit dem Ichgefühl verbundenen Inhalt des Bewußtseins?

415. Wie entsteht aus ihr die Vorstellung der objektiven Realität?

416. Woraus setzt sich der psychische Komplex zusammen, den wir gewöhnlich Subjekt nennen?

405. Auf Kosten der Deutlichkeit der im Blickfeld vorhandenen Einzelvorstellungen.

406. Durch den häufigen Wechsel der Bewußtseinsinhalte, wie er z. B. bei raschem Lesen gehaltvoller Sätze eintritt.

407. Die willkürliche und die unwillkürliche, dem Willensvorgang und dem Triebe entsprechend.

408. Die unwillkürliche enthält den Teilnahme hervorrufenden Eindruck nebst Spannungs- und Tätigkeitsempfindungen; bei der willkürlichen Aufmerksamkeit kommt noch eine Antezipation jenes Eindrucks hinzu.

409. Mit dem Vorhandensein mehrerer Willensmotive bei jener und nur eines Motivs bei dieser.

410. Er wird als Apperzeption bezeichnet.

411. Man unterscheidet öfters aktive und passive Apperzeption; der letztere Ausdruck enthält eine Ungereimtheit; denn er bedeutet soviel wie leidende Vorstellungstätigkeit.

412. Weil bei der passiven Apperzeption ein Erschlaffungsgefühl dem Tätigkeitsgefühl vorausgeht.

413. Sie ist beschränkt wegen der Verwickeltheit dieser Vorgänge (Vgl. B. Erdmann, Grundzüge, a. a. O., S. 88 ff.).

414. Selbstbewußtsein heißt diese psychische Verschmelzung.

415. Durch die Ausscheidung der „Vorstellungen des Körpers" aus dieser Verschmelzung.

416. Es ist die durch das Ichgefühl auf der Basis beständiger Begleitvorstellungen gebildete Gesamtheit aller Willensprozesse, sowie der zu ihnen gehörigen Gefühle und Gefühlsverbindungen (Affekte). (Über das Ich als Persönlichkeit in der Auffassung als höchste Form der Individualität vgl. Th. Ribot, Die Persönlichkeit, 4. Aufl. [Übersetz. v. Pabst] Berlin 1894, Georg Reimer, S. 1 ff. und S. 158 ff.)

B. Das Nacheinander psychischer Gebilde.

Assoziative Verbindungen.

417. Wie heißt der Ausdruck der alten Vermögenspsychologie für die Gesamtheit der Erinnerungsassoziationen einschließlich ihrer Folgen?

418. Welche Erklärung gibt B. Erdmann für den Begriff des Gedächtnisses vom Standpunkt der entwickelten modernen Psychologie aus?

419. Welche Funktion üben diese Spuren oder Gedächtnisresiduen aus?

420. Welche beiden Arten von „Erinnerungs- oder unmittelbaren Repräsenten" als Vorstellungen früherer Sinneswahrnehmungen und innerlich erlebter Vorgänge sind zu unterscheiden?

421. Wie heißen die vier Gruppen assoziativer Verbindungen nach Wundt?

422. Welche Art von Assoziationen rechnet er zu den Verschmelzungen?

423. Wie unterscheiden sich davon die Assimilationen?

424. Welche Eigenschaft haben Assimilation und Komplikation gemeinsam?

425. Welches ist das Wesen der sog. Komplikation?

426. Welches ist die vierte Art der assoziativen Verbindungen?

427. Aus welchen Elementen setzen sie sich zusammen?

B. Das Nacheinander psychischer Gebilde.

Assoziative Verbindungen.

417. Der Name Gedächtnis bezeichnet ganz allgemein die assoziative Fähigkeit des geistigen Organismus.

418. Er nennt es den Inbegriff psychophysischer Spuren. (Theorien des Gedächtnisses s. bei Karl Camillo Schneider, Tierpsycholog. Praktikum, Leipzig 1912 (Veit & Co.), 22. Kurs, S. 476 ff.).

419. Sie ermöglichen das Erkennen aus dem Wahrnehmen heraus.

420. Eigentliche Erinnerungen (1. Grades) und Wiedererinnerungen mit räumlich und zeitlich bestimmten Beziehungen (Über die Psychol. der mnemischen Erlebnisse vgl. H. K. Schjelderup, Psychologie, de Gruyter 1928, S. 117 ff.!).

421. Er unterscheidet Verschmelzungen, Assimilationen, Komplikationen und sukzessive Assoziationen.

422. Die festen Verbindungen von Empfindungen und Gefühlen, wie sie z. B. in den Klanggebilden erscheinen.

423. Sie bestehen in der assoziativen Angleichung der psychischen Bestandteile des Neuen an bereits vorhandene Vorstellungen (z. B. beim Plastischsehen und bei Gehörsvorstellungen; bei falscher Assimiliation „verhört" man sich: unrichtige Assimilationen führen zur Mißdeutung eines Eindrucks, zur Illusion).

424. Sie sind simultane Assoziationen.

425. Sie besteht in einer sehr lockeren Verbindung verschiedenartiger seelischer Gebilde unter stärkerem Hervortreten eines derselben (beim Lesen herrschen die optischen Wortvorstellungen vor, die akustischen und kinästhetischen bilden den Hintergrund oder das Blickfeld des Bewußtseins).

426. Es sind die sukzessiven Assoziationen.

427. Eine sukzessive Assoziation besteht aus Sinnesempfindung, Assimilation und Reproduktionsvorstellung.

428. Welche psychischen Prozesse gehören in die in Rede stehende Kategorie?

---

429. Welche vier Gesetze der Ideenassoziation ist man seit Hume gewöhnt zu unterscheiden?

430. Auf welches eine Gesetz reduziert Ebbinghaus diese vier?

431. Wie nennen wir ein Verfahren, das auf Gewinnung fester Assoziationen abzielt?

432. Welches sind die wichtigsten Methoden zur Prüfung der assoziativen Fähigkeit?

433. Worin besteht das Behalten und das Vergessen?

434. Wodurch tritt eine Hemmung bei der Bildung von Assoziationen ein?

435. Welches Mittel bahnt oder fördert jedoch die Assoziation als Vorgang?

436. Welche Gesetze gelten für die Neubildung von Assoziationen, also für das Erfahren und Lernen?

437. Warum ist das Lernen im Ganzen (G-Methode) vorteilhafter als das Lernen in Teilen (T-Methode)?

Apperzeptive Verbindungen.

438. Welche anderen Formen der Aufeinanderfolge seelischer Erscheinungen existieren noch neben den assoziativen Verbindungen?

439. Wie unterscheiden sich diese von jenen?

428. Die sinnlichen Erkennungs- und Wiedererkennungs-, sowie die eigentlichen Erinnerungsvorgänge.

---

429. Es sind die Gesetze des räumlichen Zugleichseins, der zeitlichen Verknüpfung, des Gegensatzes und der Ähnlichkeit.

430. Auf das der Erfahrungsassoziation.

431. Es wird als Dressur bezeichnet. (Näheres hierüber vgl. bei H. E. Ziegler, Tierpsychologie, de Gruyter, 1921, S. 61 ff., S. G.)

432. Es sind die Methoden der richtigen und falschen Fälle (Treffermethode), die Methode der Hilfen und die der behaltenen Glieder (Merkfähigkeitsmethode); einen Anhalt zur Abschätzung der assoziativen Fähigkeit gewährt auch die erzielte Ersparnis an Wiederholungen beim Lernen.

433. Im Andauern und allmählichen Verwischtwerden der Assoziationen. (Über Methoden zur Untersuchung des Gedächtnisses vgl. Erismann, Psychol. II, de Gruyter 1921, S. 52 ff., S. G.)

434. Durch Störung der Konzentration und durch Ablenkung der Aufmerksamkeit.

435. Das immer erneute Durchlaufen des einmal Eingeprägten.

436. Zu viele Wiederholungen hintereinander ermüden und beeinträchtigen die Festigkeit der Assoziationen; die am Anfang und am Ende stehenden Wiederholungen einer ganzen Reihe von solchen haben für die Einprägung den größten Wert; ebenso der Rhythmus und die Sinngemäßheit der Vorstellungen.

437. Weil bei jenem die den Zusammenhang störenden Teilassoziationen gar nicht erst auftreten.

Apperzeptive Verbindungen:

438. Die apperzeptiven.

439. Sie sind aktiver Art, jene passiver; bei diesen gehen Tätigkeitsgefühle dem psychischen Prozeß voran, bei jenen folgen sie nach.

440. Welches sind die a) einfachen Apperzeptionsverbindungen, b) die zusammengesetzten?

441. Worin besteht der Apperzeptionsvorgang der Beziehung?

442. Wie unterscheidet sich davon der apperzeptive Prozeß der Vergleichung?

443. Was versteht man unter apperzeptiver Synthese und Analyse?

444. Wie sind die Verstandes- und die Phantasiefunktionen hieraus zu erklären?

C. Psychische Zustände und Entwicklungen.

445. Welche besonderen psychischen Zustände sind hinsichtlich der Erregbarkeit der Empfindungen zu unterscheiden?

446. Welche mit Rücksicht auf Gefühls- und Willensvorgänge?

447. Welche Begleiterscheinungen des Traumes stellen sich als abnorme Bewußtseinsäußerungen dar?

448. Wie sind die hypnotischen Vorgänge zu erklären?

449. Wie unterscheiden sich im allgemeinen die Tiere in bezug auf die psychische Entwicklung vom Menschen?

440. a) Beziehung und Vergleichung;
b) Analyse und Synthese.

441. In der allgemeinen Verbindung von Assoziationen.

442. Die Vergleichung besteht in der Herstellung von Beziehungen zwischen seelischen Tatbeständen derselben Art.

443. Bei einer Synthese erfolgt die Verschmelzung einer Anzahl von Assoziationen zu einer Totalvorstellung, bei einer Analyse die Aussonderung solcher aus ihr.

444. Von Verstandestätigkeit reden wir, wenn diese Gesamtvorstellung den Eindrücken entspricht, von Phantasietätigkeit, wenn dies nicht der Fall ist.

C. Psychische Zustände und Entwicklungen.

445. Die Unter- und Überempfindlichkeit (Anästhesie und Hyperästhesie).

446. Herabgestimmtheit und Überspannung (Depression und Exaltation).

447. Die Irreleitung des Willens (motorische Sprechinnervationen, Schlafwandeln) und das alleinige Auftreten sensorischer Bewußtseinstätigkeiten.

448. Sie entstehen durch Assimilationen von halluzinatorischen, also ohne sinnliche Unterlage vorkommenden Vorstellungen, die auf dem Wege suggestiver Beeinflussung übermittelt und dann für wirklich existierend gehalten werden (Somnambulie).

449. Überlegen sind die Tiere hinsichtlich der Schnelligkeit der Ausbildung seelischer Fähigkeiten und gewisser Instinktanlagen [der Instinkt, einer der Höhepunkte des geistigen Daseins wie Verstand und Intuition, erreicht einen außerordentlich hohen Entwicklungsgrad bei den Arthropoden]; unterlegen sind die Tiere (bis auf die höherstehenden) insofern, als nur passive Apperzeptionen ihren Triebhandlungen zu grunde liegen. (Über Instinkthandlungen vgl. K. Graeser, Die Vorstellungen der Tiere, Berlin, Reimer 1906, S. 104 ff. und H. E. Ziegler, Tierpsychologie, de Gruyter 1921 S. 28 ff., S. G.)

450. Wie erklärt Wundt die Instinkte?

451. Als was sieht man die Instinkte sonst noch an?

452. Welche Arten von Instinkten sind zu unterscheiden?

453. Welche Möglichkeit der Erklärung des Hellseherischen im Instinkt läßt der Philosoph E. Becher offen?

454. Welcher Teil des nervösen Organismus ist bei der Geburt des Menschen fast fertig vorhanden?

455. Wann erfolgt zuerst eine genauere Differenzierung der Gefühle der Lust und Unlust und das Auftreten der Affekte?

456. Wodurch erinnert die Entwicklung der kindlichen Psyche an die der Tiere?

457. Wie erklärt Wundt die Sprachentwicklung beim Kinde?

458. In welcher Form erscheinen die apperzeptiven Verbindungen beim Kinde zuerst?

---

459. Woran ist die Ausbildung geistiger Gemeinschaften geknüpft?

460. Welche beiden Gruppen geistiger Sprachinhalte kommen für die Gemeinschaftsbildung in Frage?

461. In welchem Teile seiner „Völkerpsychologie" hat W. Wundt die Auswirkungen der Sozialnormen behandelt?

---

450. Als aus einzelnen speziellen Triebhandlungen zusammengesetzte Willensakte, die allmählich automatisch und zu Gewohnheiten geworden sind und als solche vererbt werden.

451. Als Kettenreflexe oder als Serien verketteter Reflexe (s. Koffka, Die Grundlagen d. psych. Entwick. a. a. O., S. 64 ff.).

452. Nahrungsinstinkte, auxiliäre und soziale Instinkte (Vogelehe, Staatenbildung der Hautflügler usw.).

453. Er meint, man könne Instinkthandlungen „auf Erfahrungen und Einsichten des in die verschiedenen Organismen sich verzweigenden überindividuellen Seelischen" zurückführen (vgl. E. Becher, Die fremddienliche Zweckmäßigkeit der Pflanzengallen, Leipzig 1914, Veit, S. 143).

454. Der reflektorische Apparat.

455. Etwa mit dem Beginn des zweiten Lebensjahres.

456. Durch das Vorwiegen der passiven Apperzeptionen; während jedoch das neugeborene Kind nur zu Reflexbewegungen befähigt ist, führt (nach Wundt) das junge Tier schon Triebhandlungen mit zugrundeliegendem Motiv aus.

457. Als psychische Wechselwirkung zwischen dem lautbildenden Kinde und dem lautverwendenden Erwachsenen.

458. Als Phantasiebetätigung in den Äußerungen des Spieltriebes.

---

459. An die Sprache.

460. Die gemeinsamen Vorstellungen nebst Gefühls- und Affektbeimischungen, wie sie im Mythus als beseelende Apperzeption auftreten, und Willensmotive, die als Individual- oder Sozialnormen Sitte, Recht und Sittlichkeit beherrschen. (Über den Mythus vgl. G. F. Lipps, Grundriß der Psychophysik de Gruyter, 1921, 3. Aufl. S. 29, S. G.)

461. In dem Abschnitt über die Gesellschaft (7. und 8. Band der Völkerpsychologie, Verlag Kröner, Leipzig, 1917).

E. Entwickelung der Psychologie in der Gegenwart.

462. Wohin hat die moderne Entwickelung mit ihrem Hang zur Totalbetrachtung die frühere physiologische Psychologie allmählich geführt?

463. Wo liegen die Fehlschläge jener physiologischen Psychologie?

464. Welcher philosophischen Teildisziplin steht jene ältere physiologische Psychologie der Wundt und Ribot viel näher als die sog. Ganzheitsbetrachtung?

465. Wie definieren etwa Driesch und Heidegger die Ganzheit?

466. In welchem seiner Bücher hat E. Spranger die Anknüpfung aller Bildungseinrichtungen an einen totalpsychologischen Formungsgang des menschlichen Geistes gefordert?

467. Welche beiden Standpunkte sucht Sprangers Psychologie zu vereinigen?

468. Nennen Sie einige ganzheitspsychologische Versuche, etwa in Form volkscharakterologischer Betrachtungen!

469. Wie definiert Spranger diese Ganzheitspsychologie genauer?

E. Entwickelung der Psychologie in der Gegenwart.

462. Zu einer Art psychologischer Meisterlehre vom Sinn und Wesen des totalen Menschen, zu einer psychologischen Ganzheitsbetrachtung. (Vgl. etwa Eduard Spranger, Die Verschulung Deutschlands in der „Erziehung", 3. Jahrg., Heft 5, S. 278 f., Quelle & Meyer, 1928).

463. In ihrer Unfähigkeit, experimentelle Beweise für den empirischen Ursprung der menschlichen Raum- und Zeitvorstellungen zu geben und etwa Kants Apriorismus zu widerlegen. (Vgl. E. v. Cijon, Gott und Wissenschaft, Bd. II, Neue Grundlagen einer wissenschaftlichen Psychologie, Leipzig (Veit & Co.), 1912, S. 29).

464. Der Erkenntnistheorie (vgl. O. Schneider, Die psychologische Entwicklung des Apriori, Bonn 1883, Weber (de Gruyter 1927), S. 3).

465. Driesch nennt sie eine echte Kategorie, „ein geordnetes Etwas, in dem jeder Teil seinen ganz bestimmten Beziehungsort hat"; Heidegger spricht von unzersplitterter Totalität, die aus dem Sinn stammt, in dem das Ich sich als Ich erlebt. (Vgl. Max Apel, Philosoph. Wörterbuch, de Gruyter, 1930, S. 49, S. G.)

466. In „Kultur und Erziehung" (Quelle & Meyer, 3. Aufl. 1925, S. 177).

467. Den vorgangspsychologischen und den ichpsychologischen (vgl. etwa M. W. Calkins, Der dopp. Standpunkt in der Psychol., Leipzig 1905, Veit & Co., S. 32 ff.)

468. Richard Müller-Freienfels' „Psychologie des deutschen Menschen und seiner Kultur" (Oskar Beck, München, 1922); ferner Eduard Wechßlers „Generation als Jugendreihe", Quelle & Meyer, 1930, (vgl. S. 3!).

469. Als „Organ für das totale Welt- und Lebensverständnis, das auf der geheimen Analogie der Form- und Formwandlungsgesetze beruht." (E. Spranger, Psychol. des Jugendalters, Quelle & Meyer, 1927, 8. Aufl., S. 3; vgl. auch Th. Elsenhans-Buchenau, Psychol. u. Logik, de Gruyter, 1929, 6. Aufl. S. 55, S. G.)

470. Auf welche psychol. Unmöglichkeit zielt hierbei der Ausdruck „geheim"?

471. Welcher Begriff ist der Sprangerschen Ganzheitspsychologie (geisteswissenschaftlichen Psychologie) immanent?

472. Worin besteht der Unterschied von Sprangers Psychologie gegen die alte rationale Psychologie?

473. Mit welcher Berechtigung nennt Spranger seine Psychologie auch Strukturpsychologie?

474. Welche beiden anderen Betrachtungsweisen braucht die angegebene psychol. Richtung noch, um ihre Gegensatzstellung zur bisher vorherrschenden physiologischen Psychologie vollständig zu machen?

475. Worauf zielt die letztgenannte Betrachtungsweise?

476. Aus was für Vorgängen setzt sich gesamtpsychologische Betrachtung überhaupt zusammen?

---

477. Welcher Philosoph hat den Anstoß gegeben zu der modernen analytischen Psychologie, wie sie etwa von Jung betrieben wird?

470. Auf die Unmöglichkeit der Klärung des menschlichen Handelns, soweit es vom wissenschaftlich nicht bestimmbaren, willensfreien Menschen betätigt wird (vgl. hierzu, F. Künkel, Einführ. in die Charakterkunde, Hirzel, Leipzig 1928, S. 5).

471. Der des Verstehens; sie meint damit die sinnvolle Auffassung geistiger Zusammenhänge in Form von objektiv gültigen Erkenntnissen (s. ebenda, S. 3)[1]).

472. Die rationale Psychologie lehrt ganz metaphysisch, die Seele sei eine einheitliche, unzerlegbare, unsterbliche Substanz, Spranger dagegen meint, alle Grundformen sinngebender Akte seien in jedem sinngebenden Gesamtakt zugleich enthalten, und darin bestehe die Totalität des Geistes.

473. Weil — im Gegensatz zur älteren Elementen-Psychologie — sie seelische Einzelerscheinungen nach ihrer wertbestimmten Bedeutung für „totale Leistungszusammenhänge" zu verstehen sucht, diese selbst aber als solche doch strukturiert sein müssen (ebenda S. 10).

474. Die entwickelungspsychologische F. Krügers, eines Schülers von Wilhelm Wundt, und die typenpsychologische.

475. Auf die Zuordnung sinngebender Akte und sinnempfangender Erlebnisse zu entsprechenden objektiven Sinn- oder Wertgebieten (Vgl. Spranger, Psychol. des Jugendalters, S. 328).

476. Aus Erkenntnis-, Bewertungs- und Ahnungsvorgängen (vgl. Jung, a. a. O., S. 147 f.).

---

477. Dilthey in seinem Aufsatz über „Ideen zu einer beschreibenden und zergliedernden Psychologie".

---

[1]) Hierbei handelt es sich nicht zuletzt um eine Methode der transzendentalen Phänomenologie, die Wesensanschauung (vgl. hierzu S. Nuzubidse, Wahrheit und Erkenntnisstruktur, de Gruyter 1926, S. 73!).

478. Auf welche Feststellung legt, anknüpfend an Diltheys Strukturzusammenhang im geistigen Leben, Adlers Individualpsychologie von vornherein den größten Wert?

479. Als was betrachtet die Individualpsychologie die Seelenerscheinungen sämtlich?

480. Wie lautet also das Grundgesetz der Individualpsychologie?

481. Wo studiert die Individualpsychologie die Entwickelung von Ausdrucksbewegungen?

482. Welcher Psychologe verwirft sowohl die Individualpsychologie wie auch sonstige ganzheitspsychologische Betrachtungsweisen?

483. Welchen Gewinn der Freudschen Deutungspsychologie macht sich die Ganzheitspsychologie zunutze?

484. Wer hat die durch Freud gewonnene psychologische Einsicht erzieherisch verwertet?

485. In welche Wissenschaft mündet die Ganzheitspsychologie schließlich?

486. Welcher Wege bedient sich diese?

487. Welchen Begriffsinhalt erhält der Terminus „Gestalt" für die neue Psychologie?

488. Welche Psychologen haben Wertheimers Gestalthypothese zu einer originalen Theorie weitergebildet?

489. Wie definiert Koffka die Struktur?

490. Welche gestaltpsychologische Feststellung ist F. Krueger zu verdanken?

478. Auf die der Nichtisolierbarkeit des seelischen Lebens (vgl. Alfred Adler, Menschenkenntnis, 2. Aufl., Hirzel, Leipzig 1928, S. 11 f.).

479. Als zielgerichtete (s. ebenda S. 13 und 23!).

480. Alle Erscheinungen des Seelenlebens sind als Vorbereitungen für ein vorschwebendes Ziel aufzufassen (s. ebenda S. 70!).

481. In der frühen Kindheit schon stellt sie fest, daß diese entweder durch Überwiegen des Gemeinschaftsgefühls oder durch besonderes Machtstreben bestimmt sind.

482. Richard Wahle in seiner Schrift über die Entstehung der Charaktere (s. dort S. 2 und S. 72; Drei-Masken-Verlag, München 1928).

483. Die durch reduktive (rückführende) Erklärung ermittelte Tatsache, daß der Mensch eine Schattenseite hat, die auch in seinen Überzeugungen, Werken und Einrichtungen sichtbar wird.

484. Adler und seine individualpsychologische Schule. Sie sind der Meinung, daß falsche neurotische Wege durch Einübung richtiger Gewohnheiten korrigiert werden können. (Vgl. C. G. Jung, Seelenprobleme der Gegenwart, a. a. O., S. 26 f.).

485. In die Charakterologie.

486. Der Phrenologie, der Chiroskopie, der Graphologie, der physiologischen Typologie, der klexographischen Methode usw.

487. Er bestimmt sich als logischer und genetischer Primat des Ganzen gegenüber den Bestandteilen. Gestalt ist das Charakteristische des „Dinges", seine figurale Abhebung vom Grunde zuc Undsumme der Inhalte durch höhere Funktionen hinzukommend (vgl. Martin Scheerer, Die Lehre von der Gestalt, de Gruyter 1931, S. 17 f.).

488. Koffka, Frischeisen-Köhler und F. Krueger.

489. Als „Zusammenhang von Phänomenen, in denen jedes Glied das andere trägt und seine Eigenart nur durch das andere und mit dem andern besitzt" (vgl. Apel, a. a. O., S. 131, S. G.).

490. In seinen „Neuen psychol. Studien" (1926) beweist er, daß phänomenale Ganzheit auch existieren kann, wo figurale Gliederung fehlt.

491. Weshalb kann man die Gestaltpsychologie nicht bloß neben andere Gegenwartspsychologien stellen, sondern muß man ihr eine interwissenschaftliche Position zubilligen?

492. Was für eine Bedeutung hat diese Erkenntnis für die Individualpsychologie?

493. Wessen bedarf diese aber für den Individualpsychologen außerdem noch?

494. Welches sind wesentliche Momente der soziologischen Situation?

---

495. Zu welcher Forschungsweise hat die Strukturpsychologie heute geführt?

496. Auf welche beiden Schriften geht die heutige Gestalttheorie zurück?

497. Wessen Psychologie wird als Vorläufer der heutigen Gestalttheorie angesehen?

498. Bei welchem modernen Psychologen ist hinsichtlich der Auffassungen über Gestalttheorie eine synoptische Tendenz zu bemerken?

---

499. Welcher Psychologe wird durch gestalttheoretische Erwägungen zu einer Ahmungspsychologie geführt, und worin besteht diese?

---

491. Weil die Strukturbedingungen in der Gestalttheorie eine nicht bloß psychologische Notwendigkeit und Gesetzlichkeit erkennen lassen (Vgl. hierzu Martin Scheerer, Die Lehre von der Gestalt, de Gruyter 1931, S. 6 f.).

492. Die eines Schlüssels zur Menschenbeurteilung. (Vgl. Adler, a. a. O., S. 140!).

493. Der Kenntnis der soziologischen Situation des einzelnen und der des allgemeinen epochalen Bewußtseins. (Vgl. hierzu K. Jaspers, Die geistige Situation der Zeit, 3. Aufl., W. de Gruyter, 1932, S. 7 und S. 20, S. G.!)

494. Das Wissen von den Grenzen der Daseinsordnung und von der Massenordnung in der Daseinsfürsorge. (S. ebenda S. 25 ff!).

---

495. Zur Gestaltpsychologie, in der die Ganzheitsprobleme als Gestaltsprobleme auftreten.

496. Auf Chr. v. Ehrenfels' „Gestaltqualitäten" (1890) und Max Wertheimers „Experimentelle Studien über das Sehen von Bewegungen" (1912).

497. Die von A. Meinong begründete Psychologie, die eine besondere psychische Aktivität oder Produktion annimmt.

498. Bei Spranger, der in seinen „Lebensformen" (1925, Einleitung) die Verwandtschaft seiner Anschauungen mit denen von Wertheimer, Köhler, William Stern und E. R. Jaensch betont.

---

499. Theodor Lessing. Er bezeichnet „das Ineinanderweben und Mitsammenleben der Gestalten jenseit der Subjekt-Objekt-Welt des verstehenden und verstellenden Bewußtseins als Ahmungspsychologie." (Vgl. Th. Lessing, Prinzipien der Charakterologie, Halle (Marhold), 1926, S. 27).

---

500. In welche gemeinsame psychologische Wissenschaft münden schließlich die im Vorstehenden einzeln charakterisierten Ganzheits-, Struktur- und geisteswissenschaftlichen Psychologien?

501. Welcher kulturpsychologischen Theorie wird jetzt ein großes Interesse zugewandt?

500. In die Kulturpsychologie.

501. Der des Verstehens [Dilthey, Spranger, Litt, Häberlin]. (Vgl. hierzu Max Apel, Philos., Wörterbuch, de Gruyter 1930, S. 145 f., S. G.!) (S. auch Frage 471!).

Psychologie / Philosophie / Pädagogik

Literatur in Auswahl. Herbst 1932

Psychologie

Abriß der Psychologie. Von Hermann Ebbinghaus. Mit 19 Figuren. Neunte Auflage, durchgesehen von Karl Bühler, o. Professor a. d. Wiener Universität. Groß-Okt. 206 Seiten. 1931. RM. 4.20, geb. 5.—

Kurzer Abriß der Psychologie. Für den Unterricht an höheren Schulen, an Lehrer- und Lehrerinnenbildungsanstalten sowie für das eigene Studium. Von Oberstudiendirektor Dr. Artur Buchenau. Zweite Auflage. Oktav. 66 Seiten. 1918. RM. 1.—, geb. 1.50

Psychologie. Von Dr. Th. Erismann, o. Professor an der Universität Innsbruck.

I. Die Grundlagen der allgemeinen Psychologie. 111 Seiten. 1920. II. Die allgemeinen Eigenschaften der Psyche. 144 Seiten. 1921. (Sammlung Göschen Bd. 831/832.)

III. Die Hauptformen des psychischen Geschehens. 144 Seiten. 1921. (Sammlung Göschen Bd. 833.) Geb. je RM. 1.62

Angewandte Psychologie. Von Dr. Th. Erismann, o. Professor an der Universität Innsbruck. Neudruck. 159 Seiten. 1920. (Sammlung Göschen Bd. 774.) Geb. RM. 1.62

Psychologie. Von Harald K. Schjelderup, o. ö. Professor und Leiter des Psychologischen Instituts an der Universität Oslo. Ins Deutsche übertragen von M. Leixner von Grünberg. Mit 20 Figuren im Text. Groß-Oktav. XII, 330 Seiten. 1928. RM. 9.—, geb. 10.80

Die Psychoanalyse. Psychoanalytische Psychologie. Von Dr. W. M. Kranefeldt. Mit einer Einführung von C. G. Jung. 141 Seiten. 1930. (Sammlung Göschen Bd. 1034.) Geb. RM. 1.62

Psychologie und Logik zur Einführung in die Philosophie. Von Professor Dr. Th. Elsenhans. Sechste, verbesserte Auflage von Dr. Artur Buchenau, Oberstudiendirektor in Berlin. 132 Seiten. 1929. (Sammlung Göschen Bd. 14.) Geb. RM. 1.62

Psychologie der Berufsarbeit und der Berufsberatung (Psychotechnik). Von Dr. Th. Erismann, o. Professor an der Universität Innsbruck, und Dr. Martha Moers, Städtische Berufsberaterin in Bonn.

I. Allgemeiner Teil. Mit einer Übersichtstabelle. 109 Seiten. 1922. II. Spezieller Teil. Die praktische Anwendung der psychologischen Eignungsprüfung in den verschiedenen Berufen. 114 Seiten. 1922. (Sammlung Göschen Bd. 851/852.) Geb. je RM. 1.62

Philosophie

Die geistige Situation der Zeit. Von Karl Jaspers, o. Prof. a. d. Univ. Heidelberg. 4. Aufl. 191 Seiten. 1932. (Samml. Göschen Bd. 1000.) Geb. RM. 1.62

Problem des geistigen Seins. Von Nicolai Hartmann, o. Prof. a. d. Univ. Berlin. XIV, 482 Seiten. 1932. RM. 10.—, geb. 12.—

Einführung in die Philosophie. Von Max Wentscher, o. Prof. an der Univ. Bonn. Siebenter Neudruck. 174 Seiten. 1926. (Sammlung Göschen Bd. 281.) Geb. RM. 1.62

Hauptprobleme der Philosophie. Von Georg Simmel. Sechste Auflage. 175 Seiten. 1927. (Sammlung Göschen Bd. 500.) Geb. RM. 1.62

FSC
www.fsc.org
MIX
Papier | Fördert
gute Waldnutzung
FSC® C083411

Kolibri 360 GmbH
Ferdinand-Jühlke-Straße 7
99095 Erfurt, Deutschland
produktsicherheit@kolibri360.de